墨香财经学术文库

U0674655

基于主观博弈的产业组织模式变迁机理研究

Study on the Industrial Organization Model's
Transition Mechanism Based on Subjective Game

于涛 著

东北财经大学出版社
Dongbei University of Finance & Economics Press
大连

图书在版编目（CIP）数据

基于主观博弈的产业组织模式变迁机理研究 / 于涛著. —大连：东北财经大学出版社，2025.7.—（墨香财经学术文库）. —ISBN 978-7-5654-5705-0

Ⅰ. F269.24

中国国家版本馆 CIP 数据核字第 2025GN7482 号

基于主观博弈的产业组织模式变迁机理研究

JIYU ZHUGUAN BOYI DE CHANYE ZUZHI MOSHI BIANQIAN JILI YANJIU

东北财经大学出版社出版发行

大连市黑石礁尖山街 217 号　邮政编码　116025

网　　　址：http://www.dufep.cn

读者信箱：dufep@dufe.edu.cn

大连永盛印业有限公司印刷

幅面尺寸：170mm×240mm　字数：162千字　印张：11.5　插页：1

2025 年 7 月第 1 版　　　　　　　2025 年 7 月第 1 次印刷

责任编辑：王　丽　孔利利　　　　责任校对：赵　楠

封面设计：原　皓　　　　　　　　版式设计：原　皓

书号：ISBN 978-7-5654-5705-0　　定价：65.00 元

前　言

　　产业组织研究的对象是同一产业内企业之间的组织关系或市场关系，而产业组织模式是产业内企业之间关于竞争与分工合作关系的具体模式。从经济发展的历史看，每一个时期都存在着一个主导的产业组织模式，而不同时期的主导产业组织模式各不相同，即产业组织模式是处于一个变迁的进程之中的。一般而言，可以把产业组织模式变迁的进程大致分成三个阶段，分别是以单体企业为主导的产业组织模式阶段、以纵向一体化的大型层级制企业为主导的产业组织模式阶段和网络组织模式阶段。

　　传统的产业组织理论的研究主要集中在市场结构或者市场绩效上，更关注产业内企业之间的市场关系，而对企业之间的分工与合作的组织关系关注较少。新产业组织理论在一定程度上弥补了传统产业组织理论对于企业间的组织关系研究忽视的不足，将研究的重点放在了企业与企业之间的组织关系上，运用交易费用理论对企业内部的结构、企业与市场的关系和企业的组织行为等进行了分析。但新产业组织理论仅基于不同治理模式所具备的优势解释了一种新型的治理模式得以产生的原因，是一种基于功能性的解释，而非一种因果关系的解释。另外，新产业组织理论对于产业组织模式变迁的研究是基于静态的均衡，而非动态的过程。因此，新产业组织理论并未就整个产业组织模式的变迁过程提出一个完整的理论框架，而是对整个变迁过程中的部分环节的研究。奥地利学派虽然从动态的角度出发研究产业组织问题，但它主要关注的是市场，忽略了企业，并且其理论缺乏系统性。

可见，目前的理论研究缺乏一个完整解释产业组织模式变迁的理论框架，而本书的研究正是对这一研究不足的弥补。本书试图构建一个完整的理论框架，以解释产业组织模式的变迁机理，并根据变迁机理提出促进和加快产业组织模式朝有效率的组织模式变迁的对策。

奥地利学派传统给经济学规定了两个任务——"使这个世界能够用人的行动加以解释"和"解释有目的的人的行动如何能通过社会相互影响而产生无意的结果"。本书的研究基于这两个任务来解释产业组织模式的变迁，通过企业家的有目的行动来解释作为企业家行为的无意识的结果的产业组织模式的变迁原因。

产业组织模式是产业内企业之间的竞争与分工合作的具体模式，产业组织模式形成的过程表现为产业内各企业边界确定的过程。正是通过企业边界的确定，形成了产业内企业之间的竞争与分工合作关系。就其实质来说，产业组织模式是确定产业内企业之间关系的制度安排，确定了产业内企业之间的竞争与分工合作关系。但这一制度安排是各个企业家行为的无意识的结果，因此是一种自发秩序。

这种自发秩序可以看作产业内企业家就竞争与分工合作关系而进行博弈的博弈均衡。由于企业家对博弈的参与者、各参与者的策略集合和收益函数的认知都是基于主观的，彼此存在差异，因此这种博弈关系不是客观博弈，而是主观博弈。本书构建了关于产业组织模式形成的主观博弈模型，把产业组织模式的变迁解释为从一个主观博弈均衡移动到另一个主观博弈均衡的过程。引发主观博弈均衡变化的因素主要有两个方面，一是企业的外部环境因素的变化，二是内生性因素的积累。

企业必然处于一定的环境之中，并受环境的制约和影响。技术环境、制度环境、市场环境因素等构成了影响产业组织模式的外部环境。一方面，外部环境的变化影响博弈参与者的策略空间，使得一些原本不可行的策略变得可行，或者反过来，一些原本可行的策略，变得不可行。另一方面，外部环境的变化影响博弈参与者的后果函数的参数，使得相同的策略在环境变化之前与变化之后带来的收益不同。这主要是因为环境的变化会影响交易的属性，而不同属性的交易需要与不同的治理结构匹配才能节省交易成本。博弈的参与者——企业的企业家，具有发现机会并进行创新的企业家精神。当一部分企业家发现了博弈形式的变化时，他们就发现了相应的市场机会，从而进行创新，调整策略。这必然会引发博弈均衡的改变。当所有的博弈参与者调整后的策略的收益符合其预期时，新的博弈均衡得以产生，即发生了产业组织模式的变迁。

知识的内生性积累也会引发博弈参与者的策略空间和后果函数参数的变化。当内生性的知识积累到了一定程度，博弈的参与者将认知到博弈形式的变化，从而做出策略的调整。当博弈参与者各自调整后的策略为其带来的收益符合其预期时，新的博弈均衡得以产生。产业组织模式由一个均衡移动到了另一个均衡。一般而言，由于人的有限理性，人只能知道知识的某一个片段，而不能掌握所有的知识。企业家作为一个行为人也是有限理性的，虽然在一定的知识范围内，企业家通过权威在企业内协调分散的知识相对于市场而言更有优势，但随着不同交易环节的雇员的知识的不断积累，企业家难以协调越来越多的知识，或者说通过企业权威相对于通过市场协调分散知识的优势下降了。当企业家认知到这一变化之后，就会做出调整，将自己不具协调优势的交易环节从企业中分离出去，通过一种介于企业与市场之间的中间组织的形式去组织这些交易，以节省交易成本。于是出现了企业之间的分工与合作，从而形成了新的产业组织模式。

本书内容共分七个部分，具体安排如下：

第1章是绪论，主要介绍本书的选题背景与研究意义、研究方法、研究思路和框架结构；对已有文献进行梳理和简单的评论；对全书的研究内容作了一个简单的介绍。

第2章介绍本书研究所涉及的理论，包括交易成本理论、奥地利学派相关理论和主观博弈论，并介绍了三者之间假设的一致性，为理论之间的沟通架起桥梁。

第3章基于主观博弈构建了产业组织模式形成的基本理论框架。把产业内企业之间关于组织模式的竞争与分工合作的关系看作一种基于主观的博弈关系。产业组织模式是这一主观博弈的均衡。产业组织模式的变迁实际上是一个均衡到另一个均衡的移动。而外部环境的变化，以及企业的内生性积累都会引致企业家的主观认知的变化，引发博弈均衡的改变，导致产业组织模式的变迁。产业组织模式作为一种自发秩序，是具有效率的，政府干预往往导致无效率的结果。

第4章单独分析了外部环境变化对于产业组织模式的影响。企业外部环境向量的变化会引发博弈形式改变。一方面改变企业的策略空间，另一方面改变企业家的后果函数的参数。后果函数参数的变化主要是因为环境的变化改变了交易的属性。当企业家认知到这种环境变化带来博弈形式的改变时，他就会调整策略。企业家这种策略的改变，必然引发博弈均衡的改变，直到博弈参与者的策略带来的收益与其预期一致时，新的博弈均衡形成，即产生了新的产业组织模式。

第 5 章单独分析了内生性的知识积累对产业组织模式变迁的影响。首先介绍了知识的分类与性质。接着解释了分散的知识与企业权威存在的兼容性以及知识影响下企业边界的确定，并进一步分析了当知识以分散的形式在不同的企业成员头脑之中积累时，企业家对于博弈形式的认知会发展改变。不同的知识积累情况导致了不同的博弈形式的认知。企业家对博弈形式的新认知会使得企业家采取新的策略，并引发博弈均衡的改变和产业组织模式的变迁。

第 6 章用前面构建的产业组织模式变迁的理论框架分析产业组织模式变迁的历史进程，并基于企业外部环境变化趋势和知识的积累对产业组织模式的变迁趋势进行了预测。

第 7 章是结论与启示。总结了产业组织模式的变迁的理论分析框架，从产业组织模式变迁的机理中得到启示，就我国产业组织模式变迁中存在的问题，提出了促进我国产业组织模式朝有效率的组织模式变迁的对策。

于　涛

2025 年 4 月

目　录

第 1 章

绪论

本章为绪论，主要介绍五个方面的内容，分别是 1.1 节介绍本书的研究的理论背景、现实背景和研究的意义；1.2 节对已有研究文献进行梳理和简要评论；1.3 节介绍本书研究所基于的主要方法；1.4 节概括介绍全书内容；1.5 节指明可能的创新与存在的不足之处。

1.1　研究背景与研究意义

1.1.1　研究背景

（1）现实背景

产业组织研究的对象是同一产业内企业之间的组织或市场关系。[①]产业组织模式是产业内企业之间关于竞争与分工合作关系的具体方式。一般而言，在某一个时点上，一个产业之内，企业之间的竞争与合作关系是复杂的，也是多样的。在同一个产业内，不同企业群体之间的组织模式也是有差异的，但某一个组织模式会被产业内大多数企业群体所采用，这种组织模式就被我们称为主导的产业组织模式。主导的产业组织模式在一段时间内会相对保持稳定。但随着时间的推移，企业所处环境的不断变化，同时企业也不断地进行知识积累，当这种环境变化与知识积累到了一定程度，必然引发企业对其边界做出调整。这使得企业之间的分工与合作方式、水平发生变化，而这种变化就体现为产业组织模式的变迁。从经济发展的历史看，产业组织模式的变迁大致可以分成三个阶段。

第一阶段是以单体企业为主体的产业组织模式。这个阶段的产业组织模式基本上属于钱德勒（Alfred Dupont Chandler Jr.）所说的"单

---

① 苏东水. 产业经济学 [M]. 北京：高等教育出版社，2000.

体企业"[1]。在同一产业内，往往充斥着众多生产同质产品的原子型企业，它们通常只掌管一种经济职能，或者说通常只生产单一且同质的产品。它们的竞争方式比较接近于新古典经济学中的自由竞争，彼此之间以价格作为主要的竞争手段[2]。可以看出，这一阶段在企业内组织的交易环节较少，更多的交易是通过市场来组织的。由于产品同质化，企业很容易寻找交易的替代者。产业内企业与企业之间的关系主要是竞争关系或者交易关系，合作与分工的关系较少。

第二阶段是在第二次产业革命之后出现的以纵向一体化的大型层级制企业为主导的产业组织模式。纵向一体化是指不超出核心技术范围、对生产的连续阶段实行的一体化[3]。一体化组织模式与"单体企业"最明显的不同是企业不再是仅具有单一的经济职能，企业内部的组织是复杂的。实际上纵向一体化组织模式是用"有形的手"替代了"无形的手"，将原本通过市场组织的交易，纳入企业内部进行组织。用罗纳德·科斯（Ronald H.Coase）的话说是"企业对市场的替代"。一般认为这种替代可以节省交易成本，因而具有优势。到1917年，纵向一体化企业已经成为美国经济中最有竞争力的机构，20世纪美国经济的成功也在很大程度上归功于纵向一体化组织模式在这个国家最重要的产业部门中的兴起。[4]实际上一直到20世纪80年代以前，纵向一体化组织模式一直是西方发达国家的主要产业部门的主导产业组织模式。[5]在纵向一体化主导的产业组织模式中，产业内部一体化之后的企业之间的关系仍旧是以竞争为主，分工

① 钱德勒. 看得见的手——美国企业的管理革命 [M]. 重武，译. 北京：商务印书馆，1987.
② 柯颖. 模块化生产网络：一种新产业组织形态研究 [M]. 北京：经济科学出版社，2009：32.
③ 威廉姆森. 资本主义经济制度 [M]. 段毅才，王伟，译. 北京：商务印书馆，2007：146.
④ 钱德勒. 看得见的手——美国企业的管理革命 [M]. 重武，译. 北京：商务印书馆，1987.
⑤ 柯颖. 模块化生产网络：一种新产业组织形态研究 [M]. 北京：经济科学出版社，2009.

与合作关系较少。

第三阶段是以网络组织模式为主导的产业组织模式。20世纪80年代末纵向一体化企业出现了纵向分离，或者说垂直解体，即纵向一体化企业将原本在企业内部的纵向链条上的生产过程分离出去，转而依靠外部供应商提供所需的产品、服务或者职能活动。①纵向一体化企业垂直解体之后，并非重新回归了市场，而是形成了一种介于企业与市场之间的网络组织结构。这种网络组织结构被斯特金（Timothy J.Sturgeon）称为生产网络范式。②这种生产网络范式之所以得以产生，其主要原因仍可以归结为节省了交易成本。而在各种介于企业与市场之间的生产网络范式中，模块化生产网络无疑是最具优势的。模块是指半自律性的子系统，通过和其他同样的子系统按照一定规则相互联系而构成的更加复杂的系统或过程③。因为模块化生产网络的不同模块之间通过标准化的接口进行连接，对进一步降低交易成本起到了促进作用。这一阶段的产业组织模式与前面两个阶段最明显的差异在于，产业内的企业之间形成了合作与分工的关系，而非简单竞争与交易关系。当然竞争关系仍旧存在，因为产业内不同的企业群体组成了不同的模块化生产网络，此时的竞争更大程度上表现为模块化生产网络与模块化生产网络之间的竞争。

可以看出，产业组织模式的变迁是一个由简单到复杂，由低级到高级的一个过程。在产业组织模式变迁的过程中，不同国家的产业组织模式变迁的进程并不一致。另外，一些国家对产业组织模式的变迁过程进行了干预，对新的产业组织模式的形成产生了影响，也影响了产业组织模式的效率。在这种背景下，我们不禁思考引发产业组织模

---

① 李晓华. 产业组织的垂直解体与网络化 [J]. 中国工业经济，2005（7）：28-35.
② STURGEON T J. Modular production networks: a new American model of industrial organization [J]. Industrial and Corporate Change，2002，11（3）：451-496.
③ 青木昌彦，安藤晴彦. 模块时代：新产业结构的本质 [M]. 周国荣，译. 上海：上海远东出版社，2003.

式变迁的根本原因是什么，产业组织模式的未来发展趋势是什么？只有回答了这个问题，才能找到促进我国产业向有效率模式快速变迁的方法和对策。

（2）理论背景

产业组织理论（Industrial Organization）是运用微观经济理论分析厂商和市场及其相互关系的一门科学。产业组织模式是产业内企业之间具体关系的体现。产业组织模式变迁的理论基础来自产业组织理论。

产业组织理论的创始人首推阿尔弗雷德·马歇尔（Alfred Marshall）在与其夫人合著的《产业经济学》一书中，第一次把产业内部的结构定义为"产业组织"。在1890年出版的《经济学原理》中，他把组织列为萨伊（Jean-baptiste Say）的劳动、资本和土地构成的生产三要素之外的第四种生产要素，其内容包括企业内部的组织、同一产业内部企业间的组织、不同产业间的组织和政府组织等。美国哈佛大学教授张伯伦（E.H.Chamberlain）和英国剑桥大学教授琼·罗宾逊（J.Robinson）也是产业组织理论的先驱者。他们于1933出版了各自的专著《垄断竞争理论》和《不完全竞争理论》，其中提出的"垄断竞争理论"为以后产业组织理论的研究提供了分析基础。

在产业组织理论兴起之后，该领域先后出现了三个较为代表性的学派，分别是哈佛学派（Harvard School）、芝加哥学派（Chicago School）和在交易费用理论影响下发展起来的新产业组织理论（New Industrial Organization）。另外奥地利学派（Austrian School）作为一个非主流学派，其观点也产生了一定影响。

哈佛学派的代表人物是梅森（E.Mason）教授和其弟子贝恩（J. Bain）。贝恩所著的第一部系统阐述产业组织理论的教科书《产业组织》于1959年出版，这标志着哈佛学派正式形成。哈佛学派认为市场结构、市场行为和市场绩效之间存在着一种单向的因果联系：市场集中度的高低决定了企业的市场行为方式，而企业的市场行为又决定了市场绩效的好坏。这便是著名的"结构（Structure）—行为（Conduct）—绩效（Performance）"分析范式，即SCP范式。根据SCP范式，可以推导出这样的结论：在那些集中度较高的行业中，大企业会采取某些市场行为，如驱逐对手定价，设置进入壁垒等，以维护自己的垄断地位，并获取垄断利润。而这种行为必然影响市场竞争，破坏市场绩效，阻碍技术的进步，造成资源的非效率配置。这一结论为政府通过公共政策进行市场干预提供了理论依据。政府可以根据市场集中度的高低，通过公共政策来调整并改善不合理的市场结构，限制垄断力量的发展，保持市场的竞争活力以实现较好的市场绩效。

哈佛学派的理论为早期的产业组织研究提供了基本的分析框架，为后续的研究指明了方向。但哈佛学派的研究基于实证分析，缺乏严格的理论分析作为支撑。在这种情况下，单纯的实证归纳很难得出科学严谨的结论。哈佛学派这种经验主义的方法受到了后来的芝加哥学派的批评。另外哈佛学派的理论属于一个单向静态的框架，其给定的市场结构如何生产，又将演进至何处？这些问题并未得到解释，因此哈佛学派的理论不能用于解释产业组织模式的变迁。

20世纪60年代到70年代，美国很多产业的国际竞争力出现了下降。对于这种情况出现，很多学者开始反思哈佛学派所倡导的产业组织政策。芝加哥学派正是通过对哈佛学派观点进行批判而逐渐发展起来的一个产业组织理论的新流派。该学派的代表人物有斯蒂格勒（George Joseph Stigler）、德姆塞茨（H.Demsetz）、布罗曾（Y.Brozen）和波斯纳（R.Posener）等人。芝加哥学派研究产业组织问题的显著特点是强调理论分析，而不像哈佛学派那样以经验实证为主。芝加哥学派认为将企业规模的扩大与垄断势力的提高视为等同是错误的，因为企业规模的扩大和集中度的提高完全有可能是出于技术因素或规模经济的内在要求决定的，并不单纯是为了获取垄断地位或垄断利润。芝加哥学派还认为哈佛学派提出的SCP范式过于简单武断。事实上产业的市场结构、市场行为和市场绩效之间绝非一种简单的单向因果关系，而是双向的、相互影响的多重关系，也就是说三者之间是相互影响的。根据这些观点芝加哥学派得出结论：反竞争行为或垄断的主要原因是政府对市场的人为干预。因此政府应该减少干预，让市场自由充分地发挥作用，只有这样才能实现理想的经济绩效。芝加哥学派的观点可以追溯到亚当·斯密（Adam Smith）的《国民财富的性质和原因的研究》（简称《国富论》）。亚当·斯密在该书中就曾指责19世纪英国政府的重商主义政策引致的垄断现象。

芝加哥学派注重理论分析，强调市场的作用，把市场的竞争过程看成市场力量发挥作用的过程，是一个适者生存、优胜劣汰的过程。强调了市场的自发力量，反对政府干预。另外芝加哥学派认为市场结构、企业行为、经济绩效之间是双向联系且相互影响的。这都是芝加哥学派相对于哈佛学派的进步。但芝加哥学派过度倚重新古典经济学的均衡理论。实际的经济现实是企业之间的市场关系是不断变化的，因此芝加哥学派的研究偏离了现实。芝加哥学派从生产的规模经济来解释大企业的效率也过于简单。后来的经济现实表明，大企业相对于小企业而言并非总是具有优势的，一些时候小企业反而会更具优势。

20世纪80年代开始，企业所处的外部环境发生了空前的变化。全球化的浪潮和信息技术革命都对企业形成了巨大冲击。企业的组织形式和产业的组织形式随之发生巨大变化。这种组织形式的变化，要求产业组织理论对企业之间的分工与合作的关系的变化做出解释。新产业组织理论就是在这种背景之下产生的。新产业组织理论将交易成本理论、信息经济学和博弈论引入产业组织理论研究领域。使得产业组织理论在理论基础、分析手段和研究重点上都产生了实质性的突破。尤其在研究重点上，由传统产业组织理论着重关注市场结构，转向着重关注企业行为。

以威廉姆森（Oliver E. Williamson）为代表的新产业组织理论同芝加哥学派一样，反对哈佛学派关于政府对市场进行干预以保持市场适度竞争的观点。但对于企业规模或企业边界的决定因素这一问题的解释，新产业组织理论却与芝加哥学派有着不同的观点。新产业组织理论认为芝加哥学派关于企业规模的扩大和集中度的提高完全是出于技术因素或规模经济的内在要求决定的观点是缺乏说服力的。因此新产业组织理论提出自己观点，认为节省交易成本才是引起企业规模变化的根本原因。新产业组织理论对于组织模式的变迁给予了一定的关注，很多学者利用交易成本理论对纵向一体化产业组织模式和新兴的产业组织模式，如模块化生产网络组织模式的产生进行了解释。

新产业组织理论将其研究的重点转移到了企业内部的组织和企业间的组织关系上，不再像传统产业组织理论那样关注市场结构，转而关注企业行为，这在一定程度上弥补了传统产业组织理论的不足。有限理性，机会主义倾向等假设的修改使得新产业组织理论的研究更符合现实经济，可以说新产业组织理论的出现和发展，在很大程度上解释了20世纪80年代以前流行的纵向一体化产业组织模式得以产生的原因，并为政府制定公共政策提供了理论依据。但新产业组织理论仍是在新古典的框架下进行分析和研究的[①]。新产业组织理论看重均衡，从静态的角度研究一个组织模式得以产生的原因。新产业组织理论解释的是产业组织模式变迁的某个片段，而非整体的变迁过程。因此新产业组织理论未能就产业组织模式变迁的机理构建完整的理论

---

① SAUTET F. An entrepreneurial theory of the firm [M]. London: Routlege, 2000: 46-48.

框架。

　　奥地利学派产生于19世纪70年代，流行于19世纪末20世纪初。它的代表人物有门格尔（Carl Menger）、庞巴维克（Eugen Bohm-Bawerk），维塞尔（Friedrich Freiherr von Wieser）、熊彼特（Joseph Alois Schumpeter）、哈耶克（Friedrich August von Hayek）等诸多经济学家。奥地利学派自产生以来，一直保持其个性鲜明的特点，而与主流的新古典经济学无法融合。但奥地利学派为人们认识新古典经济的界限和不足提供了有利的参照标准①，对于经济学的发展和研究提供了很多启发。

　　基于不完全信息的假设，奥地利学派认为市场是分散的知识和信息的发现过程。发现并利用分散的知识和信息，能够使资源被用于社会更需要的方面，以实现资源的合理配置，是经济运行的核心问题，而这一结果只能通过竞争来实现。竞争被认为是奥地利学派最重要的思想，在其理论体系中占有举足轻重的地位，是其整个理论的基石。在奥地利学派看来，竞争本质上是一个动态的对抗过程，既包括价格竞争，又包括产品竞争，还包括组织创新等其他方面的竞争。哈耶克认为竞争是一个意见形成的过程：通过传播信息，它带来了经济体系的连贯和统一，而这是我们把它作为一个市场的先决条件；它创造出人们对于什么是最便宜的和什么是最好的看法；而正是由于它，人们所了解的机会和可能性至少像现在了解的这样多。所以竞争是一个涉及数据不断变化的过程，它的重要性也就必然完全被任何把这些数据视为恒定的理论所忽视②。正是由于奥地利学派对于竞争行为的重视，奥地利学派被称为产业组织理论中的行为学派。③

① 逯建，乔洪武. 奥地利经济学与新古典经济学［J］. 求索，2008（10）：15-17.
② 哈耶克. 个人主义与经济秩序［M］. 邓正来，译. 北京：北京经济学院出版社，1989：98.
③ 哈耶克. 个人主义与经济秩序［M］. 邓正来，译. 北京：北京经济学院出版社，1989：98. 相对于哈佛学派强调市场结构，芝加哥学派强调市场绩效。

哈佛学派和芝加哥学派的产业组织理论都将研究的重心放在了市场结构或者市场绩效上，或者说产业内企业之间的市场关系上，并未就企业之间的分工和合作关系进行研究。另外传统的产业组织理论都是基于静态均衡的分析，不能从动态的角度解释经济现实中的企业之间关系的不断变化，因此不能得出产业组织模式变迁的相关理论。新产业组织理论虽然关注了企业之间的分工与合作的关系，但其解释仍是基于静态的均衡，而且是一种功能性解释并非因果关系的解释。奥地利学派的产业组织理论虽然基于动态的角度研究了产业组织，但该学派过于关注市场，忽略了对企业的研究，因此不能从企业的角度解释产业组织模式的变迁问题。

综上所述，目前主要的产业组织理论并未对产业组织模式的整体变迁机理从动态的角度给出完整的理论解释。基于这种情况，本书试图基于主观博弈的视角结合交易成本理论与奥地利学派的企业家理论和知识理论，对于产业组织模式的变迁机理给出一个较为全面完整的理论分析。

1.1.2　研究意义

由于传统西方产业组织理论对于企业之间的分工与合作的关系的忽视，产业组织模式的变迁的机理不能在主流的产业组织理论中得到很好的理论解释。新产业组织理论虽然对企业之间的分工和合作关系进行了研究，但是基于局部的或者说部分变迁过程的，并未就整个产业组织变迁过程的形成机理进行研究，从而未形成一个完整的理论框架。就这一方面而言，本书的选题正是针对这一不足而提出的，着重分析了基于环境变化和企业知识的内生性积累引致的企业边界的变化，或者说由企业与市场的替代而形成的产业组织模式的变迁。用一个完整的理论框架解释引致不同阶段的产业组织模式变迁的根本原因。

路德维希·拉赫曼（Ludwig Lachmann）认为奥地利学派传统给经济学规定了两个任务[①]。第一个任务是"使这个世界能够用人的行动加以解释"。第二任务是"解释有目的的人的行动如何能通过社会相互影响而产生无意的结果"，并探索这些无意的结果。而本书的研究正是试图用企业家有目的的行动解释企业家在互动过程中无意形成的产业组织模式的变迁，从这个角度来说，本书的研究符合奥地利学派给经济学定义的两个任务，并具备一定的理论意义。

只有把产业组织模式的变迁机理搞清楚，才能解释产业组织模式的变迁过程，并能把握产业组织模式的变迁趋势，从而才能促进并加快产业组织模式的变迁，缩短产业组织模式由低级到高级、由简单到复杂的演进过程。我国正处于经济快速发展和转型的关键时期，产业组织模式相对落后，要慢于西方发达国家的产业组织模式的变迁进程。因此，如何界定政府在产业组织模式变迁过程中的作用，营造良好的市场环境，激励企业家发挥其才能，促使产业组织模式朝着合理、高效的模式快速变迁是我们面临的重要问题。本书的研究在一定程度上回答了这个问题，认为产业组织模式是自发演化形成的结果，是企业家根据对外部环境的变化和自身的知识积累的主观认知，调整企业自身的边界而形成的企业之间的竞争与分工合作的无意识的结果。这种自发生成的产业组织模式是具有效率的。政府在产业组织模式变迁的过程之中不应该对其进行干预和影响。政府的主要工作是保证并完善市场机制的运行，营造能够激发企业家才能的氛围。因此，本书也具有一定的指导我国经济现实的意义。

---

① LACHMANN L. Sir john hicks as a Neo-Austrian ［J］. South African Journal of Economics，1973，41（3）：126-132.

1.2 文献综述

目前产业组织理论很少对产业组织模式的整个变迁过程进行解释，多是对在产业组织模式变迁过程中某一新的组织模式的产生进行研究。根据已有的文献看，现有研究主要解释了纵向一体组织模式和网络组织模式，如模块化生产网络组织模式的产生。

1.2.1 对纵向一体化组织模式产生的研究

纵向一体化（Vertical Integration），又称为垂直一体化，它包括前向（下游）一体化和后向（上游）一体化两种形式。随着纵向一体化组织模式成为各产业的主导产业模式，它也成为西方学者关注的重点。正如奥利弗·威廉姆森（Oliver.E.Williamson）所说，"纵向一体化经济理论是经济理论的一个重要议题，并且肯定是组织经济学所关注的核心问题，是要解释经济活动在市场、企业及一些混合组织方式之间的配置。"①威廉姆森对于纵向一体化产业组织模式的出现进行了分析，他认为企业实施纵向一体化的目的是节省交易成本，而决定实施纵向一体化的条件是资产专用性。威廉姆森的理论实际上是对于纵向一体化作为一种新型的产业组织模式的出现进行了解释，并未对引发产业组织模式变迁的机理进行完整的研究。

克莱因（Klein）、克劳福德（Crawford）和阿尔钦（Alchian）也对以纵向一体化企业为主导的产业组织模式的出现进行了解释。他们认为，纵向一体化的产生是为了避免机会主义者占有专用性资产的准租金。他们得出的结论"可占用性专用准租金越低，则交易者依赖于

---

① EATWELL J，MILGATE M，NEWMAN P. The new palgrave： a dictionary of eoconomics ［M］. London：The Macmillan Press Limited，1987：807.

契约关系而不是共同所有的可能性越大。反之，资产所保护的可占用性专用准租金就越高，则由共同或联合所有的一体化的可能性越大。"①沿着可占用性准租金的逻辑和威廉姆森的资产专用性的逻辑，克莱因认为机会主义行为可能会阻碍通过市场而形成的契约的实现，从而会迫使交易的当事人进行纵向一体化。

格罗斯曼（Grossman）、哈特（Hart）和穆尔提出了剩余控制权理论来解释纵向一体化组织模式产生的原因。他们把纵向一体化本身视为所有权，从激励的角度研究纵向一体化的成本与收益。②格罗斯曼和哈特认为，契约包含着不能事先明确界定的剩余权力。而合同是不完全的，当签订合同的成本很高时，合同的一方当事人就会购进剩余权力，剩余权力就是所有权。③通过构建一个模型，格罗斯曼和哈特指出：资产应该由那些做出重要的专用性投资决策的人拥有或者是由交易中的最关键、不可或缺的一方所拥有；互补性资产应置于统一所有权之下；鼓励多方共同投资的最好推荐则是交易各方共同拥有资产的所有权。④

1.2.2　对中间组织与网络组织模式产生的研究

随着20世纪80年代末期开始出现的纵向解体，网络组织模式，特别是模块化生产网络组织模式得以盛行。国内外学者开始对这种网络组织模式进行关注。网络组织模式本质上是一种中间组织，西方学者对于中间组织的关注要更早。

---

① 克莱因，克劳福德，阿尔奇安. 纵向一体化、可占用性租金与精装修缔约过程[A] //陈郁. 企业与市场组织——交易经济学文选. 上海：上海三联书店，上海人民出版社，1996：110-153.
② 孙经纬. 企业边界与垂直一体化的理论研究[J]. 外国经济与管理，1997（8）：3-6.
③ 格罗斯曼，哈特. 所有权的成本与收益：纵向一体化和横向一体化的理论[A] //陈郁. 企业与市场组织——交易经济学文选. 上海：上海三联书店，上海人民出版社，1996：270-314.
④ 哈特，穆尔. 产权与企业的性质[A] //陈郁. 企业与市场组织——交易经济学文选. 上海：上海三联书店，上海人民出版社，1996：315-372.

理查德森（Richardson）认为，企业与市场的二分法，即"一种方式是有意识的计划，它在企业中处于支配地位；另一种方式是价格机制，它自发地运行于企业与企业之间或者企业与客户之间"，是一种"高度的误导"。它忽略了"把企业联系在一起的合作和隶属网络"。①他从企业活动互补性的角度为网络组织的产生提供了一种正式的理论基础，认为企业只是从事全部生产和服务活动中的某些阶段的分工活动。因此，企业的活动不应是孤立的，而是彼此之间相互依赖的、互补的。网络组织的制度安排可以有效降低企业的交易成本和生产成本。

威廉姆森曾认为市场与企业呈一种"双峰分布状态"（bimodal distribution），而处于二者之间的治理结构是不稳定的。但后来他改变了这一看法，认为走极端的情况罕见，而处在企业与市场之间的中间组织才是普遍的形式②。威廉姆森在1991年则进一步明确地用混合组织（Hybrid Organization）表示介于企业和市场之间的各类制度安排，包括互惠交易、长期缔约、管制和特许经营等③。

Larsson（1993）认为应该用科层企业、中间组织和市场的三种制度分析框架替代传统的市场与科层两种制度分析框架，并形象地把中间组织称作是"看不见的手"和"看得见的手"的"握手"④

模块化生产网络是网络组织中具有代表性的一种组织模式。青木昌彦认为，模块化作为一种新兴的组织模式以及产业结构的新本质，正日益受到人们的青睐⑤。Sanchez 与 Mahoney 认为模块化组织的产生

①　RICHARDSON G B.The organization of industry ［J］. Economic Journal，1972，82：883-896.
②　WILLIAMSON O E.The economic institutions of capitalism ［M］. New York：Free Press，1985：1-15.
③　WILLIAMSON O E. Comparative economics organization：The analysis of discrete structural alternatives ［J］. Administrative Science Quarterly，1991，36（2）：219-244.
④　LARSSON R.The handshake between invisible and visible hands ［J］. International Studies of Management & Organization，1993，23（1）：87.
⑤　青木昌彦，安藤青彦. 模块时代：新产业结构的本质［M］. 周国荣，译. 上海：上海远东出版社，2003.

是为了应对市场的不确定性，通过组织的柔性设计应对以进行柔性资源整合为基础的产品设计。[①]Schilling 与 Steensma 通过对选取的 330 个制造业的有关数据进行实证检验，认为模块化组织模式的选择是企业对投入与需求异质性的反应。[②]鲍德温与克拉克（Baldwin and Clark）认为模块化生产网络的实质就是突出组织中互补的竞争力，并给每个部分单位真实的战略选择权。

可以看出，上述学者对于一种新的产业组织模式的产生的解释都是一种功能性解释，通过分析该种模式相对于其他模式所具备的功能性优势解释了其产生的原因，并未从因果关系的角度解释这种组织模式为何会得以产生。功能性解释与因果解释的不同在于，功能性解释所提出的功能条件只是结果产生的一个必要条件，而不是充分条件。从逻辑的角度考虑，不能必然导致结果的出现，这也是哲学家亨普尔（Hempel）和内格尔（Nagel）拒绝接受功能性解释的原因[③]。另外学者们的研究过程，往往是基于一个企业自身考虑，而没有考虑企业其实是处于一种博弈之中，企业的决策不仅要考虑自身的收益，而且要考虑由于自身调整而引发的其他企业的策略调整。

1.3　主要研究方法

本书以产业组织模式的变迁为研究对象，因此主要关注变迁过程中的不同变量对于变迁过程的影响，注重逻辑关系的分析。在这一前提下，主要的研究方法包括博弈分析法、比较分析法和调查分析法。

---

① SANCHEZ R，MAHONEY J T.Modularity，flexibility，and knowledge management in product and organiztion design ［J］．Strategic Management Journal，1996，17（Special）：63-67.
② SCHILLING M A，STEENSMA H K.The use of modular organizational forms：an industry-level analysis ［J］．Academy of Management Journal，2001，44（6）：1149-1168.
③ 弗罗门．经济演化——探究新制度经济学的理论基础 ［M］．李振明，刘社建，齐柳明，译．北京：经济科学出版社，2003：118.

（1）博弈分析法

博弈分析法通过构建产业组织模式形成的主观博弈模型，发现影响产业组织模式变迁的主要因素。

（2）比较分析法

比较分析法通过比较不同产业组织模式形式的外部环境和知识积累因素来揭示产业组织模式变迁的过程。

（3）调查分析法

调查分析法通过调查产业组织模式变迁不同阶段的环境和知识积累的历史实例来证实外部环境变化和知识的内生性积累会影响产业组织模式的变迁。

1.4 研究基本思路与主要内容

1.4.1 研究思路

本书研究的主要目的是揭示产业组织模式变迁的机理。为了实现这一目的，本书首先对研究所涉及的主要理论进行了介绍。在此基础上构建关于产业组织模式形成的主观博弈模型，并对于作为博弈均衡的产业组织模式作为自发生产的秩序的效率做出解释。接下来在构建的主观博弈框架下，分别就由于外部环境变化和内生性知识积累引发的博弈参与者对于博弈形式的主观认知的改变，进而引发的博弈均衡的改变做出分析，以解释产业组织模式变化的机理。接着，用构建的产业组织模式变迁的理论框架对产业组织模式变迁的历史进程进行了分析，并对产业组织模式的变迁趋势进行了预测。全书最后进行了总结，同时就促进我国产业组织模式朝有效率的模式变迁提出了相关建议。本书的逻辑结构如图1-1所示。

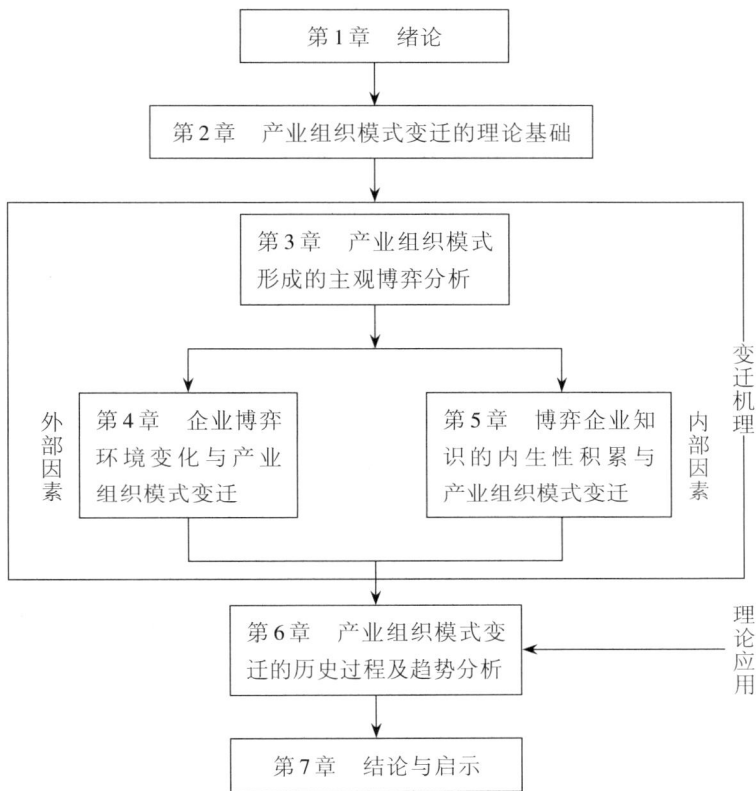

图 1-1 本书的基本研究思路图

1.4.2 本书的主要内容

第1章是绪论。

主要介绍本书的选题背景与研究意义；对已有的研究文献进行了梳理和评述。介绍本书的研究方法、研究思路和框架结构；并对全书的研究内容作了一个简单的介绍。

第2章主要是对本书研究所涉及的理论进行介绍。

具体包括交易成本理论、奥地利学派的经济理论和主观博弈理论，并就交易成本理论、企业家理论和主观博弈论之间的联系进行分析，通过这些理论所有具有的相同的前提假设架起沟通理论之间的桥梁。

第3章基于主观博弈理论对产业组织模式的形成进行了分析，构建了产业组织模式形成的主观博弈理论框架。

产业组织模式的实质是一种制度安排，是一种自发秩序，可以把产业组织模式看成企业之间就竞争与合作而进行主观博弈的博弈均衡。在这个博弈过程中，把企业的企业家看成博弈的参与者；博弈参与者的策略空间由其确定企业边界大小的各种策略组成；博弈参与者的后果函数就是企业的收益函数，收益的大小通过企业组织交易的交易成本的大小进行比较。而产业组织模式是这一主观博弈的均衡，产业组织模式的变迁实际上是一个均衡到另一个均衡的移动。而外部环境的变化，以及企业的内生性因素的积累都会引致企业家的主观认知的变化，或者说引发企业家的认知的博弈形式的变化，从而引发博弈均衡的改变，即发生了产业组织模式的变迁。作为一种自发秩序，产业组织模式是产业内企业行为的无意识的结果，是有效率的。政府的干预往往会导致无效率的结果，因此政府不应该干预产业组织模式变迁的过程。

第4章在构建的主观博弈理论框架下，单独分析了企业博弈的外部环境变化对于产业组织模式的影响。

本章将外部环境定义为一个环境向量，而产业内的企业处于这一环境之中，因此，必然受到环境向量变化的影响。环境向量的变化是一种客观变化，而这种变化会引发企业家认知的博弈形式的改变。一方面改变了企业家的策略空间，另一方面改变了企业家的后果函数的参数。具体来说环境的变化引发资产专用性、交易频率和不确定性等交易属性维度的改变。根据威廉姆森的理论，不同属性的交易适于不同的治理模式，以节省交易成本。当企业家认知到这种环境变化带来的交易属性的变化时，其认知的博弈形式也将发生改变。企业家会根据自己重新认知的博弈形式选择自己认为能最大化收益，或最节省交易成本的治理模式。企业家这种策略的改变，必然引发博弈均衡的改变，当博弈的参与者的策略带来的收益与其预期一致时，新的博弈均衡形成，即产生了新的产业组织模式。

第5章在构建的理论框架下，不考虑企业外部环境的变化，单独分析了内生性的知识积累对于产业组织模式变迁的影响。

根据奥地利学派的传统，我们关注了知识分布、知识积累对企业家策略集合和后果函数的参数的影响。根据哈耶克的观点，知识以分散的形式存在，才会形成"合理的秩序"。我们首先解释了这一观点与企业权威存在的兼容性，进一步分析了当知识以分散的形式在不同的企业成员头脑中积累时，作为权威的企业家协调不同知识的难度会发生改变，即在企业内组织不同知识交易的交易成本会改变。这实际上是企业家参与博弈的形式发生了变化，即企业家的策略集合和后果函数的参数发生了变化。这将使企业家采取新的策略，并引发博弈均衡的改变和产业组织模式的变迁。

第6章基于前面的理论分析，对产业组织模式变迁的历史进程和变迁趋势进行了分析。

从"单体企业"为主体的产业组织模式到以"纵向一体化"大型层级企业为主导的产业组织模式的变迁，是作为博弈均衡的产业组织模式受到外部环境变化和企业的知识的内生性积累共同作用的结果。其中主要原因是环境变化改变了交易的属性，使得资产专用性程度上升，不确定性增加。另外，企业家相对于企业雇员更快的知识积累也加速了这一产业组织模式变迁的进程。从"纵向一体化"大型层级企业主导的产业组织模式到模块化生产网络组织模式的变迁也是企业博弈的外部环境变化与企业知识积累的共同作用的结果。外部环境的变化，降低了资产专用性，使得交易变成了混合资产专用性的交易。而分散的知识积累增加了企业家在企业内协调不同知识的难度，于是出现了企业的纵向解体，产生了介于企业和市场之间的模块化生产网络组织模式。

第7章是结论与启示。

本章总结了我们提出基于主观博弈的产业组织模式变迁的理论分析框架。把产业组织模式看成企业家之间进行的主观博弈的均衡结果。而当外部环境变化或企业内生性积累而引发的企业家对于博弈认知形式的改变时博弈均衡就会改变，即引发产业组织模式变迁。而这种产业组织模式变迁是一种自发的过程，政府应减少干预，政府干预往往会引发企业组织模式的扭曲。政府的角色应该是维护和完善市场机制，让非人格化的市场力量发挥作用。最后结合我国的实际情况，就如何促进我国产业组织模式朝有效率的组织模式变迁提出建议。

总之，本书力图基于主观博弈构建一个产业组织模式的变迁机理的理论框架，分析由企业博弈的外部环境变化和企业的知识的内生性积累而引发的企业家认知的博弈形式的改变以及由此导致的产业组织模式的变迁。这种变迁是一种自发秩序，政府不应干预，而应扮演维护和完善市场机制的角色。

1.5 可能的创新与不足

1.5.1 可能的创新点

（1）基于主观主义方法论重新界定了交易成本

虽然交易成本理论已经得到广泛关注和应用，但人们一般把交易成本看成一种客观成本。实际上影响人们做出选择决策并非这种客观成本，而是人们在选择的决策过程中对于可能产生的交易成本的一种主观预期，因此本书基于奥地利学派的主观主义的视角重新审视了交易成本，把交易成本看成一种主观机会成本。而正是这种主观机会成本影响了人们的选择。

（2）基于主观博弈构建了产业组织模式变迁的理论分析框架

本书把产业组织模式看成一种制度安排，基于青木昌彦的主观博弈理论解释内生性制度变迁的优势，将企业之间的竞争与分工合作关系看成一种基于主观认知的博弈关系。而这一主观博弈的均衡就是产业组织模式，产业组织模式的变迁表现为博弈均衡从一个均衡向另一个均衡的移动。

（3）从博弈的角度考虑企业边界的确定

企业边界确定的过程，是企业之间分工合作关系确定的过程，因此也是产业组织模式形成的过程。以往理论在考虑企业边界确定时，往往基于根据企业和市场两种治理结构在组织交易过程中的交易成本的差异。这种确定企业边界的理论仅仅考虑了一个企业自身的情况。实际上企业边界变化的过程，必然涉及不同的企业，因此必然是一个博弈的过程。本书从企业之间博弈的角度分析了企业边界的变化。

（4）提出交易属性随企业外部环境的变化而改变

基于环境的不断变化，即使同一事物在不同时点上也表现出不一样的性质，因此我们提出环境变化改变交易属性的观点。随着交易属性的变化，也需要有不同治理模式与之匹配，因此引发产业组织模式变迁。

（5）用奥地利学派的知识理论解释了产业组织模式的变迁

奥地利学派认为知识以分散的形式存在才能形成"合理的经济秩序"，这种分散的知识要求社会中的权力的分散。表面上看，这与权威的存在不兼容。我们通过对企业家协调分散知识的优势的分析，解释了知识的分散与权威实际是兼容的，并进一步得出结论分散的知识积累超出了企业家的协调能力会引致权力分散，从而引发产业组织模式变迁。

1.5.2 可能存在的不足

由于个人能力和条件的限制，本书可能存在如下不足：

（1）本书虽然构建了主观博弈模型，但实际上是基于博弈的思想进行分析。因为企业家的主观认知的差异，我们很难确定其认知的博弈的具体形式。因此在分析的过程并未给出博弈的具体形式，并根据具体的博弈形式求解博弈的均衡。从这个角度来说，缺乏一定的说服力。

（2）因为交易属性的刻画难以量化，对于环境改变交易属性的观点的论证只是基于一些例证，未能给出确切的数据，从而缺乏强有力的证据。

第 2 章

产业组织模式变迁的理论基础

本章介绍产业组织模式变迁机理研究的理论基础，主要涉及交易成本理论、奥地利学派的经济理论和主观博弈理论，并剖析交易成本理论、奥地利学派的经济理论和主观博弈理论之间的联系，试图在理论之间架起沟通的桥梁，为后续的研究做好理论铺垫。

2.1　交易成本理论

交易成本理论又称"新制度经济学"，其代表人物包括罗纳德·科斯（Ronald H.Coase），威廉姆森（Oliver E.Williamson）、德姆塞茨（Demsetz）、诺思（North）、阿尔钦（Alchian）和张五常等人。交易成本理论的特点是以"交易"为起点，通过"交易成本"这一分析工具来分析经济现象背后的经济运行规律、制度基础和制度的历史演变。

2.1.1　科斯的交易成本理论

罗纳德·科斯（Ronald H.Coase）是交易成本理论的奠基人。正是科斯在1937年首次"发现"了"交易成本"这一重要而具有影响力的概念。科斯认为："利用价格机制是有成本的，通过价格机制组织生产的最明显的成本就是发现相对价格的成本。"[①]这种"发现相对价格的成本"就是交易成本。当与市场相比，在企业的框架下组织一项相同交易的交易成本更低时，便出现了企业对市场的替代。具体来说，这是因为虽然在企业内组织交易需要付出相应的管理组织费用，如建立、维持或改变一个组织设计的费用和组织运行的费用[②]，但同时省去了通过市场组织交易时所产生的搜寻和信息费用，讨价还

---

① COASE R H.The nature of the firm［J］. Economica，1937（4）：386-405.
② WILLAMSON O E.The economic institutions of capitalism［M］. New York，Free Press，1985：1.

价和决策费用，以及监督费用和合约义务履行费用①。所以交易成本的节省促使企业家用企业替代市场，企业家通过比较不同治理结构下的交易费用进行治理结构的选择。当通过市场组织交易活动所花的交易费用过于高昂，以至于超过了将市场所组织的交易纳入到同一个企业的内部进行组织时，交易双方就会产生兼并、联合的意向和动机，企业的规模和边界也就由此发生扩张；而当企业的规模扩张到一定程度，以至于某项经济活动通过外部市场交易比在企业内部组织更加节省管理费用时，企业规模就会缩小。根据科斯的观点，企业的边界应该被确定在这样一点，即"有一点必须被达到，那就是说，在企业内增加一项交易的组织成本等于在公开市场上进行这项交易的成本或等于另一个企业主组织这项交易的成本"②。可见，科斯认为企业的出现是对市场的替代，节约交易成本和管理费用是企业规模变动的真正原因。

交易成本的发现对于经济学世界产生了重大影响，甚至大大超出了科斯的预期，他曾回忆："人们认为《企业的性质》对经济学最重要的贡献是明确地把交易成本概念引入经济分析之中，但我的目的并不是要改变经济理论的特征。"实际上，如果那篇文章中的想法是由一个对经济学无所知的年轻人提出，那么认为他旨在改变经济学理论是难以置信的。在《企业的性质》一文中，"我用交易成本来解释企业的出现，就是这样"。③交易成本的发现揭示出真实的经济世界并非如新古典经济学中假定的那样是一个无摩擦的世界。交易成本的存在，使得不同的制度在经济绩效方面存在差异，不同的制度在组织不同属性的交易时，存在比较优势。新古典企业理论中，企业被看作是

①　COASE R H.The problem of social cost［J］. Journal of Law and Economics，1960（3）：1-44.
②　COASE R H.The nature of the firm［J］. Economica，1937（4）：386-405.
③　科斯. 企业的性质：影响［A］//威廉姆森. 企业的性质——起源、演变和发展［C］. 北京：商务印书馆，2007：70-93.

一个生产函数。在企业内部发生的事情被留在黑暗之中，而企业被看作一个黑箱来分析。科斯对于企业制度的分析扩展了新古典企业理论的研究视野，将人们的研究视线带入到了企业的内部。但科斯把交易成本的节约看作是企业存在的唯一原因，忽视了企业组织在发挥协作劳动的社会生产力方面的不可替代的基本作用①，忽略了企业家作为一个行为人的主观能动性，以及由此而产生的企业与企业之间的差异。福斯（Foss）认为：“科斯的静态研究方法没能注意到市场的创造，他仍旧假定所有的投入、产出和技术是给定的。”②阿尔钦与德姆塞茨也指出：“考察团队生产，团队组织、计量产出的困难以及逃避责任问题，只要能把问题说清楚，对于我们的解释来说都是重要的，但这些都不在科斯的研究范围内。”③另外科斯对于企业的本质的认识是一种功能性解释，通过分析企业相对于市场所具备的节省成本的功能性优势，进而得出了企业产生的结论。功能性解释与因果解释的不同在于，功能性解释所提出的功能条件只是结果产生的一个必要条件，而不是充分条件，从逻辑的角度考虑，不能必然导致结果的出现。因此，科斯对于企业出现的解释的贡献在于解释了企业的功能，并未从因果关系的角度解释为何企业会得以产生。

2.1.2　威廉姆森的交易成本理论

奥利弗·威廉姆森（Oliver E.Williamson）是美国新制度经济的代表人。威廉姆森对交易成本理论的发展做出了重要的贡献。一般认为，交易成本理论正是在威廉姆森的一系列论述下才形成了完整的理

---

① 荣兆梓. 企业性质研究的两个层面：科斯的企业理论与马克思的企业理论 [J]. 经济研究，1995，30（5）：21-28.
② FOSS N J.More on knight and the theory of the firm [J]. Managerial and Decision Economics，1993，14（3）：269-276.
③ ALCHIAN A A，DEMSETZ H. Production，information costs，and economic organization [J]. Philosophy and Public Affairs，1983，12（4）：354-368.

论体系。

威廉姆森秉承制度经济的鼻祖康芒斯（John R.Commons）的传统，以"交易"作为基本的分析单位，认为交易之发生，源于某种产品或服务跨过技术上可分清的界面而被让渡出去，由此宣告了一个行为阶段结束，另一个行为阶段开始。①根据威廉姆森的观点，所有的经济活动都可以看作是一种交易。威廉姆森认为，某些交易要按这种方式来组织，而另一些交易则要按那种方式来组织，其中必然有其经济生活的合理性，也即在组织一个特定交易的过程中，一种治理结构相对于另一种治理结构更能节省交易成本。为了刻画和区分不同的交易，将不同的交易与不同的治理结构进行匹配，威廉姆森使用了三个主要的标志：分别是资产专用性、不确定性及其发生的频率来对交易进行刻画。威廉姆森认为其中资产专用性是最重要的标志，也是交易成本经济学与解释经济组织的其他理论相区别的最重要的特点。②

（1）资产专用性（Asset Specificity）

威廉姆森认为资产专用性对交易成本经济学的重要性无论怎样强调也不过分。按照威廉姆森给定的含义，资产专用性是指在不牺牲生产价值的条件下，资产可用于不同用途和由不同使用者利用的程度。当一种资产在某种用途上的价值大大高于在任何其他用途上的价值时，即可认为这种资产在该种用途上就是具有专用性的。由于改变用途会降低资产的价值，被降低的价值变成了一种沉没成本，无法收回，专用性资产一般是耐久性投资，会支撑交易的持续进行。

资产的专用性至少可以分为四种类型：分别是专用地点、专用实物资产、专用人力资产以及特定用途的资产。投入的是哪一类资产，

---

① 威廉姆森. 资本主义经济制度［M］. 段毅才，王伟，译. 北京：商务印书馆，2003：83.
② 威廉姆森. 资本主义经济制度［M］. 段毅才，王伟，译. 北京：商务印书馆，2003：78-79.

就会有哪一种组织形式。资产专用性的实质是一种套住（lock-in）效应。专用性投资一经做出，就会在一定程度上锁定了当事人之间的关系，当然这种锁定使得事前的竞争变成事后的垄断，从而导致敲竹杠（hold-up）的机会主义行为发生。因此，威廉姆森认为决定实行纵向一体化的主要因素是资产专用性的条件①。

（2）交易发生的频率

交易频率指交易的次数。威廉姆森认为交易的频率可以分成三类，一次性交易，数次性交易和经常性交易。一次性交易和数次性交易之间并无明显差别，因此就剩下了数次性交易和经常性交易在频率上的差别。

不同的交易应该采用不同的治理结构，一种治理结构相对另一种治理结构在某种交易的治理上具有比较优势。威廉姆森结合交易的频率和投资的资产专用性总结出了适合不同的交易的治理结构（见表2-1）：

表2-1　　　　　　　　**规制结构与商业交易的匹配**

频率		投资特点		
		非专用性	混合	特质
	数次	市场规制	三方规制	
			新古典缔约活动	
	经常	（古典市场缔约活动）	双边规制	统一规制
			关系性缔约活动	

资料来源：陈郁. 企业制度与市场组织：交易费用经济学文选［M］. 上海：上海人民出版社，2006：44.

根据表2-1，威廉姆森认为，对于偶然合约和重复合约的非专用

---

① 威廉姆森. 资本主义经济制度［M］. 段毅才，王伟，译.北京：商务印书馆，2003：121.

性交易的主要治理安排是市场治理。如果存在违约，则法律诉讼可能会成为一个具体的纠纷。对于偶然性的且具有"混合"或"高度专用性"的交易适用于三边治理，即通过第三方仲裁解决纠纷。混合型投资的不断重复的交易，适用于双边治理，在双边安排下，交易各方的自治得到了保证，因此独立的组合则不会融为一体。高度专用性的经常性交易适用于统一治理，即纵向一体化。

（3）不确定性

交易中的不确定性可能源于三个方面，首先可能来自交易参与者的有限认知能力，其次可能是因为交易的双方缺乏有效的信息沟通，再次不确定性可能是交易者的机会主义行为导致的结果。不确定性具体包括环境不确定性、行为不确定性和组织不确定性。外部环境不确定性是指外部环境的随机变化导致的不可预见性；行为不确定性是指交易的参与者歪曲信息、故意采取的机会主义行为所导致的行为的不可预测性。组织不确定性是指组织内部不能进行及时有效的信息交流或沟通导致的无效的决策和错误的判断。

对于非专用性交易，因为新的交易关系很容易被安排，不确定程度的增加并不会对此发生影响，因此，无论不确定性程度如何，市场交换依旧继续，典型的单项缔约活动范式仍适用于所有标准化交易。专用性交易的情形则有所不同。只要投资的特质程度存在微小的专用性，不确定性程度的增加就会使之更迫切地要求交易者设计一种"应变"的机制——因为当不确定性增加时，契约的余地也会更大，而且在次数上和重要性上对连续性适应的要求也会增大。不确定性与组织具有混合型投资性质的交易的关系尤为密切。当混合型投资下的交易存在不确定性，就会有两种可能。第一种是保留原有的设计，但需要交易精心设计一种规制机制，以便进行更有效适应的连续性决策，由于经常性交易的不确定性增加，双边规制结构常常为统一规制结构所取代。第二种是牺牲有价值的设计特点以适应更为标准化的物品或劳务，于是可以使用市场规制。

威廉姆森在对交易的刻画过程中，时间的概念是比较模糊的，他没有对他提出的三个标志的衡量时间做出说明。频率是指一定时间内发生的次数，并不只是交易发生的次数，威廉姆森的这种提法弱化了时间的影响。当用较短的时间来衡量，交易的频率可能较低。反之，用较长的时间来衡量，交易的频率又会上升。资产专用性也是跟时间联系密切的一个概念，一般而言，在较短时间内交易的资产专用性较高，而在较长的一段时间里，资产专用性的程度就会下降。这是因为如果有较长的时间，为交易而投入的资产更容易转移到其他用途，从而减少损失。不确定性的大小也与交易所需的时间长短是直接相关，以往的研究忽视了时间长度对于交易中不确定性大小的影响，导致了分析的偏差。如果允许交易在较长的时间内完成，那么交易的双方会有充足的时间进行磋商和协调，这会提升交易者对于交易和环境的认知，并降低因为交易的双方缺乏有效的信息沟通而产生的摩擦，从而降低交易成本。反之，如果交易只能在较短时间内完成，那么留给交易双方沟通和协调的时间就会较少，在有限认知能力的情况下，交易者很难对环境和交易有全面的了解和认知，同时可能存在信息沟通不足，信息不对称，这都将在交易进行的过程中导致一些不协调，不一致的地方，引发摩擦，这时就会增加因为摩擦而导致的交易成本。因此，可以看出，交易时间的长短影响了不确定性，从而改变了交易的属性。这时就需要不同的治理结构与交易相匹配，才能实现合理的配置。

另外，威廉姆森也忽略了分散在不同人头脑中的实践知识的积累对于交易和治理结构匹配的影响。分散的知识积累也是一个知识存量对比的过程。当交易属性的三个维度不变，交易的双方知识积累发生变化或是协调交易的企业家的知识积累发生变化都会影响到协调交易的交易成本。当企业家相对于企业雇员来说拥有了更多的不同交易环节的知识或者说具备了更强的协调不同交易的能力时，在企业内协调不同知识进行生产的收益就会变大。企业相对于市场组织交易的优势就会上升，更多的交易会被纳入企业内进行组织，反之，企业就会被市场替代。

2.2　奥地利学派的相关理论

奥地利学派被誉为经济学园地中的一枝奇葩，它孕育了很多对经济科学发展产生过重大影响的经济学家，如门格尔、庞巴维克·维塞尔、熊彼特、哈耶克等诸多经济学家。奥地利学派自产生以来，一直保持它的种种个性鲜明的特点，与主流的新古典经济学无法融合。它为人们认识新古典经济的界限和不足提供了有利的参照标准[①]，对于经济学的发展和研究提供了很多启发。福斯在其著作《奥地利学派与现代经济学》中认为："现代经济学的许多令人感兴趣的思想，如产权，信息不对称、制度经济学和演化过程等，都可以在米塞斯和哈耶克的著作中找到其渊源。"

2.2.1　奥地利学派的方法论

现代奥地利学派代表人物之一，伯特克（Boettke）认为"奥地利学派认为应该遵守三项基本的方法论宗旨：个人主义、主观主义以及理论的注意力放在过程而非均衡上，这是自门格尔以来，奥地利学派同意的工作与方法"。事实上，奥地利学派非常注重对于方法论的研

---

① 逯建，乔洪武. 奥地利经济学与新古典经济学［J］. 求索，2008（10）：15-17.

究，其对于经济现象的研究和分析，正是基于方法论的个人主义、主观主义和市场过程之上的。奥地利经济学与主流经济学的显著分歧正是在于其独特的方法论。因此对于奥地利学派的经济理论的介绍，应该从其独特的方法论开始。

（1）方法论的个人主义（Methodological Individualism）

自诞生以来，奥地利学派经济学的一大特征就是将社会整体视为个人行为的产物。门格尔（Carl Menger）早在他的《国民经济学原理》中就坚持这种后来被人称为"方法论个人主义"（Methodological Individualism）的原则。门格尔的这种立场后来被奥地利学派的成员不同程度地采纳了。但这种个人主义却未被主流经济学接受，凯恩斯（John Maynard Keynes）的宏观经济学理论正是基于对总量的分析而得出的结论。凯恩斯的这种集体主义的方法受到了奥利学派的著名学者哈耶克（Hayek F.A.）的批评，他在《关于凯恩斯和凯恩斯主义革命的个人回忆》中，指出，他对凯恩斯的《通论》"最为不悦的地方在其方法论"。[①]即使在获颁诺贝尔经济学奖的场合，哈耶克也不忘再一次强调研究社会科学之个人主义方法的重要性[②]，可见个人主义方法论在奥地利学派中的地位。

（2）方法论的主观主义

方法论的主观主义是奥地利学派与新古典主义区别开来的根本特征。奥地利学派的方法论中最为传统同时也最为坚实的基础正是方法论主观主义[③]。对于奥地利学派经济学家来说，主观主义不仅是一个

① HAYEK F A.Personal recollections of keynes and the "keynesian revolution" [A] // HAYEK F A. New studies in philosophy, politics, economics and the history of ideas. University of Chicago Press, 1978.
② 克里斯坦森. 方法论个人主义 [A] //门格尔. 经济学方法论探究. 北京：新星出版社，2006.
③ 谢志刚. 奥地利学派的制度分析方法 [J]. 云南财经大学学报，2011（2）：12-22.

经济学的方法论，更是经济学研究人的行为的一种完整方法①。主观主义主张，如果我们不试图在涉及人的知识和计划的情况下来描述人的行为，则我们就不可能赋予人的行为以任何的意义。门格尔提出，"究其性质而言，价值完全是主观的……物品的价值总是针对具体的经济人的，这种价值也只能由这些个体来决定"。米塞斯（Ludwig Von Mises）也坚持方法论的主观主义。他在《人的行为》中提出"经济学无关于有形的物质的东西；它是研究人、人的意识和行为。货物、商品与财富以及有关行为的其他所有概念都非自然的要素；它们是人的意识和行为的要素。想研究它们的人，不应该向外在世界去观察；他必须在行为人的意识中去探索它们"。②詹姆斯·布坎南（James McGill Buchanan Jr.）也基于主观主义，提出所有的成本都应被视为主观的机会成本。哈耶克甚至认为，在过去的一百年中，经济学利用的一切重大进步都是主观主义观点不断拓展的结果。③

（3）市场过程

奥地利经济学的另一方法论特点是强调市场是一个过程，而不是生产市场均衡状态的一组相互协调的价格、质量和数量。④米塞斯明确指出："市场不是某一个地方，某一件事物或某一种集合体，市场是一个过程，是由各色人等在分工合作下的互动行动所肇发的。"哈耶克将奥地利学派的市场过程理念以知识论观点重新表述为"作为一个发现过程的竞争"。⑤在奥地利经济学内部，有说服力的经济学家

---

① 霍维茨. 主观主义 [A] //门格尔. 经济学方法论探究. 北京：新星出版社，2006.
② 米塞斯. 人类行为的经济学分析 [M]. 黄丽丽，李淑敏，赵磊，译. 广州：广东经济出版社，2010：12.
③ HAYEK F A. The counter-revolution of science [M]. Glencoe Illinois：The Free Press，1952：26-27.
④ KIRZNER I M. Competition and entrepreneurship [M]. Chicago：University of Chicago Press，1978.
⑤ 哈耶克. 哈耶克文选 [M]. 冯克利，译. 南京：凤凰出版传媒集团，江苏人民出版社，2000.

都不再对均衡和完全竞争抱有幻想。[①]奥地利经济学家认为一般均衡的概念是荒谬的，均衡的概念的思维方式是形式主义的，贫乏无味，疏漏了很多重要问题。奥地利经济学家通过强调时间的作用，说明均衡力量永远不可能及时发挥作用，即早在一般均衡状态实现之前，某些变化就会接着发生，使原来的信息过时。

但奥地利学派学者对于市场过程的理解有着不同的侧重点，柯兹纳将市场过程理解为促使市场均衡的过程。在其企业家理论中，企业家的机敏是市场均衡调整过程的推动力量，"对我而言，企业家所引起的变化总是趋向假设的均衡状态，企业家将那些先前市场无知所造成不和谐因素导入相互协调的过程"。拉赫曼则坚持把市场理解为"一个没有开始与结束的持续的特殊的过程，该过程被变化的力量和均衡的力量相互推动着……一个更好的比喻是沙克尔（Shackle）所说的万花筒般的世界，而不是由均衡想象出来的机械方法"。奥地利学派内部的这种争论看起来难以得出实质性的结论，但将奥地利学派的"过程"方法理解为一种"演化过程"能够较好地调和这种对立[②]。

2.2.2　奥地利学派的企业家理论

企业家是主流现代企业理论忽视的一个角色，现代企业理论很少涉及企业家。虽然新制度经济学的代表人物诺思在制度变迁理论中强调了企业家在制度变迁过程中的重要作用[③]，主流企业理论仍未对于企业家这个角色给予足够的重视。在对企业家的关注上，奥地利学派

---

① 科兹纳. 均衡与市场过程 [A] //科兹纳，罗斯巴德. 现代奥地利学派经济学的基础. 杭州：浙江大学出版社，2008：105.
② 谢志刚. 奥地利学派的制度分析方法 [J]. 云南财经大学学报，2011（2）：12-22.
③ 诺思. 制度、制度变迁与经济绩效 [M]. 杭行，译. 上海：格致出版社，上海三联书店，上海人民出版社，2008.

走在了前列，奥地利学派强调企业家的重要作用，认为企业家理论是其理论的核心部分。

（1）奥地利学派的企业家

米塞斯认为在平稳运行经济的假想结构中不存在企业家行为，因为这一假想结构排斥任何可能影响价格数据的变化。一旦人们抛开这一数据僵性的假设，他们就会发现行为受到数据的每一个变化的影响。人的行为本身就表明了将来是不可预见的，人类的行为和未来的不确定性并不是两件相互独立的事情。市场的不确定性必然意味着企业家精神的产生。米塞斯将企业家定义为随着市场情况的变化而行动着的人。这个定义是较为宽泛的，实际上我们每一个人都要面对和解决因为时间流逝带来的不确定性问题。这样从本质上说，人的行为都具有企业家行为的不确定性。实际上米塞斯指的是依据市场变化而决定生产要素使用的人。

熊彼特（J.A.Joseph Alois Schumpeter）在《资本主义、社会主义与民主》中认为，资本主义的关键问题不是管理现存的结构，而是如何创造和毁灭它们。熊彼特把这一过程称作"创造性的毁灭"，并认为这是经济发展的本质。这一过程的主导者正是企业家。熊彼特把企业家看作创新的主体，其作用在于创造性地破坏市场的均衡。他认为，动态失衡是健康经济的一种"常态"，而企业家正是这一创新过程的组织者和始作俑者。企业家正是通过创造性地打破市场均衡，才获得了获取超额利润的机会。

当代奥地利学派的代表人物科兹纳在米塞斯的基础上进一步对企业家进行了引申阐述，对于柯兹纳来说，"企业家的企业家精神是一种个人品质——'机敏'的化身，他注意到了其他人没有注意到的利润机会，并通过对于机会的反应，重新界定了整个经济的手段与框架"。①这种创造性的行为可以被定义为企业家精神。"它本质上是发现新的，而且是人们希望得到的需要，以及满足这些需要的新资源、新技术或其他手段的能力"。

上述奥地利学派学者只关注了企业家的发现机会和进行创新的才能，忽略了企业家才能的另一面，即协调和监督的能力。因此没能深入企业的内部。现代奥地利学派的学者也注意到了早期奥地利学派对于企业家认知存在的问题。艾恩莱斯提出了"外在企业家能力"和"内在企业家能力"两个概念，分别用以解释企业的"出现"（Emergence）和"维持"（Maintenance）。萨奥尔特将科兹纳的企业家概念区分成不涉及生产的企业家 I 和涉及时间与组织生产的企业家 II。这些现代奥地利学派学者的关于企业家的观点更为全面，有助于奥地利学派的企业理论的发展。在本书的研究中，企业家的能力也正是基于现代奥地利学派学者认知的这两个方面。

（2）奥地利学派的理论中企业家的行为特点

奥地利学派认为企业家是市场机会的发现者，是能够创新并满足需求的人。企业家的行为一方面是发现机会和进行创新活动的实施，具体体现为试错、模仿和学习等活动，另一方面是对企业内部生产活动的协调和组织。无论是在发现机会并进行创新的过程中，还是在协调企业生产的过程中，企业家的行为都具有相应的特点，具体如下：

①有限理性

企业家作为一个行为人，是具有有限理性的，而非完全理性，或者完全不理性。哈耶克（Hayek）认为每个人都有着某种"理性不及的无知状态"，因此，必须遵循自生自发的秩序规则，而不是依靠人的理性演绎能力，才能防止自由社会向全权社会转变的制度选择路

---

① 王军. 现代奥地利经济学派研究 [M]. 北京：中国经济出版社，2004.

径。①实际上，哈耶克的理性有限观不是一种旨在贬斥理性的观念，也非一种非理性主义的观念。哈耶克所反对的只是"理性主义"的万能论和建基于其上的"设计"社会发展的欲求，以及"理性主义"能主宰自身的论点和立基于其上的对理性不及的因素和人之必然无知的否认取向。②哈耶克的"有限理性"反映了有限理性问题的本质，更符合经济主体的实际情况，符合我们倡导的企业家的有限理性。

哈耶克所倡导的有限理性表面上与他的老师米塞斯的观点不一致，米塞斯认为人是理性的，他认为"人类的行为总是合理的"，"行为的最终目的常常是满足行为人的某种欲求"。但实际上，米塞斯所说的理性是指人在有限的知识范围内，总是追求自己的目的。即使使用的途径不一定能充分实现自己的目的，但在其知识范围内，所选择的途径，必然是行为人自己认为最优的。考德威尔（Caldwell B.）认为"如同哈耶克，米塞斯允许他的'行为人'在做决定的时候，自己选择最使他快乐的行为"③，即米塞斯所谓的"理性"不是新古典经济学的经济人的"理性"，不是根据最大化或"效率"等标准做出的，而唯一地是根据他自己的目的，当然必然是在其知识范围之内。米塞斯在《人类行为》中举例："一百年前的医生所使用的治疗癌症的方法——从现今的病理学角度看——是很糟糕的，因而是无效的，现在的医生都不使用那些方法了。但那时候的医生的行为并不是不合理的，他们尽了最大努力。"米塞斯也承认人的知识的有限性，也就是上面哈耶克提到的"绝对的无知"，他说："像其他知识部门一样，经济学以理性方法尽可能地去探索研究，然后当经济学面临着终极事物，即不能够——至少以我们目前的知识水平不能——进一步分析的

① 哈耶克. 自由秩序原理［M］. 北京：中国社会科学出版社，1999.
② 张文喜. 对哈耶克的"理性有限"观和"自发秩序"观的解读［J］. 社会科学家，1999（1）：68-73.
③ 朱海就. 市场的本质：人类行为的视角与方法［M］. 上海：格致出版社，上海三联书店，上海人民出版社，2009：20.

现象，经济学的研究就停下了脚步。"从这个角度讲，米塞斯的理性实际上与有限理性是兼容的。

②基于主观认知

企业家的行为是基于其对客观世界的主观认知，这种认知是对客观世界的反应，但并非绝对客观。

主观主义方法论是奥地利学派的显著特点，主观主义思想贯穿了整个奥地利经济学派的理论体系。米塞斯认为"在人类行为中除了各种为获取目标而产生的个人欲望之外，并无他物。对于这些目标的选择，不存在真理的问题，只有价值。而价值判断必然是主观的"。①奥地利学派的另一位代表人物哈耶克在《经济学与知识》中认为"人类行动如果不借助于有关个人获取知识、形成预期、从其社会经营中学习的经验的或'理想型的'假设，就不能解释互动的社会过程"。可见主观认知更符合经济现实。同时，应该强调的是主观认知并不否认客观存在。人的主观认知来源于客观世界，过分地强调主观认知就会否定客观存在，这是不现实的，也是不正确的。虽然不同的人对于客观世界的主观认知存在差异，但同时也存在着彼此一致的部分。企业家在行动的过程中也会积累相应的经验，获取知识，并基于自己对于自身、竞争对手和环境的主观认知，形成预期，并根据自己的预期进行某些活动，当其选择的行为的收益符合预期时，该行为就会得到强化，反之，企业家就会调整其策略，直至新的行为的收益符合自己的预期。由于不同的人对于客观情况的认知不同，因此不同企业家的行为必然存在差异。

③目的性

米塞斯认为"人类行为是有意识的行为。换句话说，人类行为是意志施行后转化为行动，是有目标的，是行为人对外加刺激和环境状

① MISES L V.Human action [M]. New Haven：Yale University Press，1963：395.

况的有意识的反应"。行为表达一种倾向或偏好，行为中的人选择、决定并努力去达到一个目标，对于他不能同时拥有的两件事物他从中选择其一从而放弃另一个，故而行动本身总是包括获取与放弃。实际上，在奥地利学派经济学家的眼中，行动一词是有严格的技术意义的，埃德温.多兰在认为"理解这个意义的最好方式是将其与事件进行对比。一个事件可以被看作'恰好发生了的'事情——自然界中发生的一个变化，比如一块石头从悬崖上落下砸死了斯密斯。相反，一个行动之所以会发生，是由于有目的的干预事件的'自然'进程，比如琼斯为了杀死正站在悬崖底下的斯密斯而推下一块石头"。[①]拉赫曼号召经济学家用人的决策和目的来解释这个世界。他认为，科学的任务是描述并解释现实，如果组成现实的不仅仅是客观世界，那么，一门仅仅研究客观世界事实的科学就是不完善的。它不能解释存在着的每件事物。[②]如果我们没有注意到这些现象背后的目的、动机和利益，我们就没有完成我们的任务。

米塞斯认为个体的目标和价值判断是不能进一步分析的，也不是人类行为经济学家要关心的事情。人类行为经济学家要关心的是实现目的的方法和手段，而对行为人的目标和价值判断保持中立。[③]在本书的研究中，企业家的行为的目的是降低交易成本，这一点与新制度经济学对相关研究是一致的。对于企业家行为目的的强调有助于解释企业家对于环境变化和内生性积累的认知之后而进行的行为调整，从基于目的角度分析这一调整引致的适应性的变化。

总之，行为的目的性是我们对企业家的活动分析的基础，也是进行经济活动分析的基础。企业边界的调整正是基于企业家的目的，而

① 多兰.现代奥地利经济学的基础 [M].北京：中国社会科学出版社，1976.
② 科兹纳. 论奥地利学派经济学的方法 [A] //科兹纳，罗斯巴德. 现代奥地利学派经济学的基础. 杭州：浙江大学出版社，2008.
③ 朱海就. 市场的本质：人类行为的视角与方法 [M]. 上海：格致出版社，上海三联书店，上海人民出版社，2009：21.

产业组织模式的变迁是企业家为实现其目的而调整各自企业边界所形成的无意识的结果。

④警觉性

企业家作为个体决策者积极地保持着警觉，进行搜寻。而不仅仅是被动地按照给定的约束配置各种资源以追求不同目的。[①]警觉是行动中的企业家的根本要素，正是企业家保持这种警觉，并持续地进行搜索，形成了对自身、竞争对手和环境的新认知，并不断调整自身的策略。企业家不断调整策略的过程既是市场竞争的过程，又是企业家不断认知与发现的过程。

科兹纳认为，企业家才能的发挥，是与一种特殊的警觉联系在一起的，也就是一种持续的警惕性，它使一个人能够发现并把握他周围发生的事情。[②]正是企业家行为的警觉性使得企业家能够不断发现并察觉机会来实现目的，从而获得利润或收益。企业家关注未来他认为将要发生的事情时表现出的"警觉"与历史学家在选择和解释过去发生的、他感兴趣的重要事情时表现出的"警觉"是相似的。因此米塞斯把企业家定义为"用历史学家的眼光看未来的人"。[③]

（3）对企业家关注的意义

经济学不是关于"物"的学问，而是关于"人"的学问，认为经济学是关于人类物质条件的说法是完全错误的。[④]企业家与企业是密不可分的，企业家是在动态的经济生活中有着非常重要作用的一类角色。其在企业的创立、成长和经营的过程中都占据了非常重要的地位。但企业家是被主流企业理论忽视的一个角色，不论新古典经济学

---

① 科兹纳.方法论的个人主义、市场均衡与市场过程［A］//多兰.现代奥地利学派经济学的基础.杭州：浙江大学出版社，2008.
② KIRZNER I M.Competition and entrepreneurship［M］.Chicage：University of Chicago，1978：65-69.
③ 米塞斯.人的行为［M］.夏道平，译.台北：远流出版事业股份有限公司，1991：109.
④ KIRZNER I M.Competition and entrepreneurship［M］.Chicage：University of Chicago，1978：65-69.

的企业理论，还是新制度经济的企业理论都很少提及企业家这样一个角色。在新制度经济学中并未严格区分经营者与企业家。与其他经济要素提供的服务一样，企业家所提供的服务也可通过市场购得。企业家按所有者的要求去组织企业的生产活动，机械地按照最大化原则组织各项交易，以至于法玛[①]（Fama）和张五常[②]干脆产生了抛弃"企业家"概念的想法。新制度经济的观点关注到了市场价格机制的运作，忽略了企业家与企业之间的联系，也忽视了企业家作为行为人的主观能动性，没有考虑到企业家作为行为人，其对于动态经济世界的认知对企业的重要性。

而企业家的地位在奥地利学派得到了充分的认识和关注。奥地利学派的市场理论非常重视企业家精神的作用，把企业家的发现过程看作市场竞争的过程。现代奥地利经济学派在批评主流企业理论忽视企业家这一重要角色的同时，也正试图建立基于企业的企业家理论，以修正传统奥地利经济学对企业家精神与企业理论的不恰当割裂[③]。

唯有个人有感觉、价值观、思考和行动。[④]对于企业家这样一个行为人的关注，一方面有利于基于人的主观能动性解释现象背后的目的性。另一方面有利于基于更加符合经济现实的动态市场过程而非简单的静态均衡去解释经济现象。只有对企业家进行关注，才能更好地完成奥地利学派传统认为的经济学的两个任务，即"使这个世界能够用人的行动加以解释"和"解释有目的的人的行动如何能通过社会相互影响而产生无意的结果"，并探索这些无意的结果。

---

① FAMA E.Agency problem and the theory of the firm ［J］. Journal of Political Economy，1980，88（2）：288-307.
② CHEUNG S.The contractual nature of the firm ［J］. Journal of Law and Economics，1983，26：1-21.
③ 周清杰. 现代奥地利学派企业理论评述［J］. 外国经济与管理，2005，9：2-15.
④ 科兹纳，罗斯巴德. 现代奥地利学派经济学的基础［M］. 王文玉，译.杭州：浙江大学出版社，2008：31.

2.2.3 奥地利学派的知识理论

奥地利学派的知识理论始于哈耶克对知识的关注。哈耶克基于奥地利学派的主观主义传统，在《经济学与知识》一文中首次提出了主观知识的问题。由此，知识成为奥地利学派经济理论的核心概念。应该说哈耶克从《经济学与知识》一文开始形成了他的知识论，而知识论是哈耶克整个社会科学理论体系之基，也是他后来很多真知灼见的源头之一①。哈耶克甚至认为"知识的利用是经济学最根本问题"。

奥地利学派认为，知识是指具有因果关系的叙述所组成的逻辑体系。正是因为具有因果关系，所以知识可以利用和重复利用；也正是因为知识属于逻辑体系，所以知识不能任意编造。于是，知识也就成为经济成长和文明发展的主要来源。②奥德里斯科和里佐在《时间与无知的经济学》中指出，个人的知识总是产生于需要解决某一问题的情况中。因而简单地说，知识就包括对该问题的精确表述、该问题的背景以及解决方式。从经济学的角度来说，这些问题主要是目的与手段之间的关系。③

奥地利学派的知识传统分为三个方面④：

第一个方面是实践知识。奥地利学派所谈的对人类行为至关重要的知识，是主观的和实践的知识，而不是科学的知识。实践知识是指那些不能用正式的方法表达的知识，也就是主体通过实践逐渐地获得的知识，是那些在不同时间和不同情境中通过人类行为本身获得的

---

① 刘树君．"经济学与知识"：哈耶克的一个转折点［J］. 长春工业大学学报（社会科学版），2011，23（1）：34-37.
② 黄春兴．奥地利学派经济理论的一个学习架构［J］. 南大商学评论，2007（1）：154-176.
③ O'DRISCOLL G P，RIZZO M J.The economics of time and ignorance［M］. New York：Routledge，1986：36.
④ 项后军．奥地利学派企业理论研究［M］. 成都：四川出版集团，2008，6：33-34.

知识。实践知识必然发生于特定的时间和空间之中，并且基于实践的行为人的主观认知，因此来自实践的知识正如哈耶克所认为的那样，"这是在各种特定的环境或主观的时空协调中的至关重要的知识"。简单地说，奥地利学派所指的知识表现为行为者对于自己所追求的目标，以及其本人相信的其他行为人中所追求的目标的信息和评价；也包括行为者对于自己所拥有的实现目标的手段，以及其本人认为在其具体行为情境中所有重要的限制条件的信息。[①]

第二个方面是知识是作为个人的知识而存在的。由于知识来源于实践，必然分布在不同的实践的行为人的头脑之中，并被个人所掌握，它们是以分散的形式存在，每个人只能掌握知识的片段。不同人所有的知识有时候存在差异，甚至是矛盾。正是因为知识的分散性，哈耶克得出了权力应该分散的结论。

第三个方面是知识是一个通过竞争的发现过程。哈耶克将市场当作"收集分散在整个经济之中的大量分散知识的社会工具"。[②]通过市场的竞争，市场参与者可以发现新的知识和传播的信息。利用市场竞争，众多的分散的知识得以协调和利用，从而形成了哈耶克提出的"合理秩序"。

2.3 主观博弈理论

青木昌彦（Aoki Masahiko）将每个人对于博弈结构的主观认知称为主观博弈模型[③]。主观博弈不同于客观博弈，在主观博弈中，博弈

---

① 维尔塔. 奥地利学派：市场秩序与企业家创造性 [M]. 朱海就，译. 杭州：浙江大学出版社，2010.
② 哈耶克. 哈耶克经济学、哲学、政治学文集 [M]. 南京：江苏人民出版社，1999：297.
③ 青木昌彦. 比较制度分析 [M]. 周黎安，译. 上海：上海远东出版社，2001：240.

参与者对于博弈形式的认知是基于主观的，而且各博弈参与者对于博弈形式的认知存在差异。博弈参与者在博弈过程中通过结果与预期的对比不断修正其对博弈形式的认知。

2.3.1 主观博弈的前提假设与博弈过程

在主观博弈模型中博弈的所有个体参与人都不具备博弈规则的完备知识，也不可能对其他博弈参与人的策略集合和环境状态做出完备而准确的推断。每个博弈参与人只拥有有限的基于主观的认知，这些认知可能来自过去的实践经验或者对于其他人的学习。只有在环境发生重大的变化或者认知出现内部危机时博弈参与者的主观认知才会被修改。

青木昌彦在其著作《比较制度分析》中进一步阐释了主观博弈模型必须满足下述四个条件。

第一，对于任何一个博弈参与者 i 来说，其"技术可行"策略决策的客观集合 A_i（$i \in N$）可以由一个无限维度的空间代表，但在某一时点上，只有一个有限维度的子集处于开启状态。随着时间的推进，由于外部或内部的原因，可能会有一部分原本处于未开启状态的维度被开启。

第二，关于博弈的内生性规则，博弈参与者共享一个公共的信念系统 $\sum^*$，这个公共的信念系统实际上就是主观博弈的均衡。在共享信念系统部分，博弈参与者的认知是相同的。除了共享的信念系统之外，在博弈展开的过程中，博弈参与者还形成私人剩余信息 $I_i(s)$，即不为其他参与者知道的私人掌握的信息。由此也形成了不同参与者对于博弈形式认知的差异。

第三，给定博弈参与者认知的博弈均衡 $\sum^*$，每个博弈参与者拥有一个基于自身主观认知的后果函数 $\Phi_i(s, I_i(.) : \sum^*, e)$，其中 e 为参与者对于环境的主观推断。每个博弈参与者根据自己的后果函数，为每个策略 $s_i \in \varphi_i$ 分配一个定义在后果空间 Ω 上的物质结果 $\Phi_i(s_i, I_i(s_i, s_{-i}^*) : \sum^*, e)$，物质结果的大小取决于参与的私人剩余信息 $I_i(s)$。

第四，博弈参与者根据自己策略空间中的开启的策略集合选择策略，给定私人剩余信息，作为博弈均衡的共享信念和关于环境的主观推断，选择预期使其收益最大化的策略，即参与者选择在 S_i 中选择 s_i^*，使得 $\Phi_i(s_i, I_i(s_i, s_{-i}^*) : \sum^*, e)$ 最大化，或者说对于每个参与者来说，其最佳的策略是：

$$s_i^* = \arg\max u_i(\Phi_i(s_i, I_i(s_i, s_{-i}^*) : \sum^*, e) \tag{2.1}$$

模型表明，当参与者的行动在各个时期获得的收益与预期的相互一致时，他们的主观认知被其行动的可观察的事实证实。这样，均衡路径 s 将持续产生，并作为指引未来行动的指南不断再生出来。反之，当认知的共享信念所导致的行动决策未能产生预期的后果，则一种普遍的认知危机便会随之出现，原有的共享信念将会被打破，并引发人们寻找新的共享信念，直到新的均衡出现为止。

2.3.2 主观博弈解释制度内生性变迁的优势

在经济学采用博弈论对制度进行研究的过程中，不同的经济学家分别将制度看作是博弈的参与者、博弈规则和博弈过程中参与者的均衡策略[①]。不同的分析目的采用不同的制度观。在解释制度变迁的过程中，学者们通常把制度看成博弈的策略均衡。因为前两种观点无法解释制度究竟从何而来，如何产生、如何实施，而把制度看成博弈均

---

① 青木昌彦. 比较制度分析 [M]. 周黎安，译. 上海：上海远东出版社，2001：5-16.

衡的这种观点可以从内生角度来分析制度的起源和实施问题[①]。

经典博弈论主要用于研究多个参与者策略的互动问题，但博弈的形式是外生给定的，即参与者集合、参与者行动的策略空间和后果函数是事先就已经给定的，是参与者的共同知识。完全理性的参与者在给定其他参与人策略分布的情况下，选择使自己收益最大化的策略。因此在经典博弈的时间里，永远不会存在"意外"的事件，知识的更新更无从谈起，它不存在任何演化的动力[②]。经典博弈论在制度分析中的运用主要体现在解释和证明某种制度存在的效率原因，即一种制度之所以存在是因为其相对于其他制度更具效率。经典博弈将制度的演化视为外生环境变化的结果，随着外生参数的变化，制度可能从某一种均衡状态瞬时移动到另一均衡状态。[③]

演化博弈论对于参与者的完全理性提出疑虑，认为参与者是短视的，不能完全认知自身所处的世界。因此演化博弈论在有限理性的假定之上进行均衡分析。它假定参与者不拥有博弈形式或者博弈规则的全部知识。但演化博弈并不研究参与者对博弈形式或博弈规则的学习，他仅仅研究参与者在给定的博弈形式下对均衡策略的学习[④]。这意味着无论新策略给参与者带来的收益如何，参与者没有可能尝试新的策略。演化博弈论基于演化的角度考察了制度的生成，虽然制度从一种均衡状态演变到另一均衡状态不再是瞬时的，而是一个动态调整的过程，但在演化博弈中制度演化所处的环境是外生给定的，制度的演化是所处环境变化的结果，因此演化博弈论和经典博弈论一样，不能用于解释制度的内生演化。另外演化博弈对人的有限理性是一种弱理性，这一假设忽略了人的主观能动性，与现实并不相符。

① 黄凯南. 主观博弈论与制度内生演化 [J]. 经济研究，2010，45（4）：134-146.
② 黄凯南. 主观博弈论与制度内生演化 [J]. 经济研究，2010，45（4）：134-146.
③ 黄凯南. 主观博弈论与制度内生演化 [J]. 经济研究，2010，45（4）：134-146.
④ 丁利. 从均衡到均衡：制度变迁的主观博弈框架 [J]. 制度经济学研究，2005（3）：12-30.

不同于经典博弈和演化博弈，在主观博弈模型中，博弈形式是一个内生变量，不再是外生给定的。它假定博弈参与者是有限理性和主观能动的统一，即参与者具有有限理性，对于博弈形式的认识都是主观的，不能完全知晓客观的博弈形式。但他又具有一定的主观能动性，可以通过自身的认知能力来构建主观博弈模型并尝试新的行动。在较短的时期内，博弈形式较为稳定，可以看作外生参数，但在更长时间里，伴随外部环境发生变化，博弈参与者对博弈形式的认知将发生改变，博弈的形式也会随之改变，此时博弈形式是个内生变量。主观博弈论对个体的行为假定更加接近于经验事实。因此在运用主观博弈论进行制度演化分析时，它是参与者对客观博弈形式的一种主观认知，并随着认知的积累发生变化，博弈形式不再像经典博弈论与演化博弈论那样，是对博弈场景的客观描述。因此主观博弈论可以更好地解释制度的内生演化问题。

2.4 交易成本理论、奥地利经济学与主观博弈的联系

交易成本理论、奥地利经济学和主观博弈论有着相同或者类似的前提假设。三者都是基于有限理性而进行的研究，而奥地利学派和主观博弈论都强调对客观世界的主观认知，因此三者之间存在沟通的桥梁。而三者之间在前提和假设上的一致性，使得将其融合来解释产业组织模式的变迁成为可能。

（1）有限理性

交易成本经济、奥地利学派和主观博弈论都承认人的有限理性，否认了主流经济学的完全理性的假设。这使得这些理论的研究更贴近现实，也使得研究的结论具有说服力。

最早将有限理性的概念引入经济学是赫伯特·西蒙（Herbent

Simon），他认为有限理性的理论是"考虑限制决策者信息处理能力的约束的理论"，并提议将不完全信息、处理信息的费用和一些非传统的决策者目标函数引入经济的分析之中。[①]西蒙认为人们在决策过程中很难寻求最优解，只能寻求满意解。"行为主体打算做到理性，但现实中却只能有限度地实现理性。"[②]西蒙认为人在决策过程中难以达到"最优"而只能实现"满意"，意味着人在有限理性思考下的抉择结果难以取得最大值，这反映出西蒙对于有限理性问题的关注。但实际上正如杨小凯所说，信息不对称和信息的处理费用的存在并没有反应有限理性的本质。[③]一些有限理性模型的构建实际上需要超级理性，对理性程度要求甚至更高。另外西蒙并没有对有限理性的程度进行深入研究。

威廉姆森认为理性问题可以分成三个层次：第一个是强理性，即预期收益的最大化；第二个是弱理性，即有组织的理性；第三个是中等理性，介于前两者之间的一种理性。[④]威廉姆森也认为人是具有有限理性的，或者说是一种中等理性。他在《资本主义经济制度》中提到"交易成本经济学承认理性是有限的，并认为应该重视'有限理性与刻意'这两种含义。只要承认'刻意为之'这一条，就会同意应该厉行节约；而如果承认人的领悟能力有限，就会促使人们转而研究制度问题"。科斯（Coase）认为，以完全理性为假设的新古典经济学是"黑板经济学"，他晚年更加坚定地反对"把人看成是理性效用最大化者"的观点。[⑤]

① 杨小凯. 不完全信息与有限理性的差别［M］. 开放时代，2002（3）：76-81.
② 西蒙. 现代决策理论的基石［M］. 杨砾，徐立，译. 北京：北京经济学院出版社，1989.关于最优解和满意解，见该书第70、83页，关于行为主体实现理性的境界，见该书第3-4页.
③ 杨小凯. 不完全信息与有限理性的差别［M］. 开放时代，2002（3）：76-81.
④ 威廉姆森. 资本主义经济制度［M］. 段毅才，王伟，译. 北京：商务印书馆，2002：68-71.
⑤ 何大安. 行为经济人有限理性的实现程度［J］. 中国社会科学，2004（4）：91-101；207-208.

威廉姆森认为奥地利学派所谈的理性是一种有机理性（Organic Rationality）与现代进化论方法所提倡的有限理性相同。但奥地利学派并未忽视人的主观能动性。哈耶克所言的"理性不及的无知状态"是对人的有限理性的承认，而非否认人的主观能动性。实际上，奥地利学派所强调的市场机制的作用正是在企业家作为行为人的发现与创新的能力下得以实现的。

主观博弈论也承认人的理性是有限的，同时也认为人具有主观能动性。可见主观博弈论的有限理性也是一种中等理性。因此，在有限理性这一前提假设上，三者是一致的，并不矛盾。本书的研究正是基于三者间对于有限理性的共同认知，把有限理性作为一个基本的前提假设。

（2）主观认知

主观主义是社会科学中的一种认知论。根据沙克尔（G.L.S. Shackle）的说法，主观主义是一种立场或信仰，即人类事物始于个人的想法或思想，而这些事物具有极为精巧的复杂性，人类可以从各自不同的途径、手段去经历、感受或是想象这种复杂性①。这意味着经济主体的经济行为是基于自己对于客观世界的主观认知的。奥地利学派从产生之初就是基于主观主义的方法论进行经济学的研究的。奥地利学派的创始人门格尔认为，经济学的研究是对人的行为的研究，只需要采取不同于自然科学的研究方法和立场，不但需要分析一种行为所产生的客观后果，而且必须理解这种行为背后所潜藏的人类心理动机。米塞斯也曾指出："在人类行为中除了各种为获取目标而产生的个人欲望之外，别无他物。对于这些目标的选择，不存在真理的问题，只有价值，而价值判断必然总是主观的。"②主观博弈论中主观

---

① SHAND A H. The capitalist alternative：an introduction to neo-austrian economics ［M］. New York：Harvester Press Publishing Group，1984.

② MISES L V.Human action ［M］. New Haven：Yale University Press，1963：395.

博弈模型的构建也是基于博弈参与者的主观认知，在这一点上，主观博弈论的方法论与奥地利学派一致。也正是因为如此，在使用奥地利学派理论解释经济问题时，可以引入主观博弈理论。

交易成本理论并未强调主观认知。但由于科斯没有将交易成本的概念定义成可操作的概念，也没有说明到底哪些力量决定交易成本的大小[1]，这导致了后来学者对于交易成本理解的偏差和误用。威廉姆森也认为交易成本"引用多而理解少"。韦森认为"把握和重新建构'交易费用'概念的出路——至少摆脱理解目前新制度经济学交易费用争论困境的出路——可能性可能在于奥地利学派的'主观价值论'"。[2]这里同意韦森的观点，认为基于主观认知可以增强交易成本理论的适用性和解释力。

可见交易成本理论、奥地利学派经济学和主观博弈论在主观认知这一前提假设上也可以达成一致。

有限理性、主观认知架起了沟通交易成本理论、奥地利学派经济学和主观博弈论的桥梁。这使得本书研究所使用的理论具有一致性，从而可以增强对于产业组织模式变迁的解释力。

2.5　本章小结

本章分别介绍了在本书研究过程中涉及的交易成本理论、主观博弈论和奥地利学派的企业家理论与知识理论，并就交易成本理论、主观博弈论和奥地利经济学之间的联系进行阐释，架起了沟通理论的桥梁。在本书的研究中，企业不同策略的博弈收益正是通过企业家对于不同治理结构组织交易所需的交易成本的主观认知来比较的。企业外

---

[1]　汪丁丁. 从"交易费用"到博弈均衡 [J]. 经济研究，1995，30（9）：72-80.
[2]　韦森. 奥地利学派的主观主义认知论与交易费用经济学范式的未来发展：一个偶然的理论猜想——为张五常教授七十寿诞而作 [J]. 云南大学学报，2005（6）：40-46；93.

部环境变化和知识的内生性积累都将影响产业组织模式的变迁。而博弈参与者对于环境和知识的内生性积累的认知都是基于主观的认知，在认知的过程中表现出了一种有限理性。正是博弈参与者基于有限理性的认知下的行为互动导致了产业组织模式从一种博弈均衡移动到另一种博弈均衡。

第 3 章

产业组织模式形成的主观博弈分析

本章试图构建一个产业内企业之间就竞争与合作而进行博弈的主观博弈模型。把产业组织模式看成这一主观博弈的均衡，并把产业组织模式的变迁解释为主观博弈均衡的变化，为全书的分析构建一个理论框架。本章的结构安排具体如下：

第一节对于产业组织模式的实质进行分析，认为产业组织模式是一种制度安排，自发秩序。产业组织模式作为一种自发生成的制度安排，其变迁可以用主观博弈模型进行解释。第二节根据产业组织模式是企业之间博弈的均衡结果这一认知，对主观博弈的形式，即博弈的参与者及其策略空间和后果函数进行了研究。第三节分析了产业组织模式形成的博弈过程。第四节对影响产业组织模式变迁的外部环境、内生性因素的积累进行了介绍和总结。第五节对产业组织模式动态性与效率进行分析。最后是本章小结。

3.1　产业组织模式的实质

产业组织模式是产业内企业之间的竞争与合作的具体关系。产业内各企业边界确定的过程，就是企业之间竞争与合作关系形成的过程，也是产业组织模式确定的过程①。正如罗伯森（D.H.Robertson）所指出的，"在无意识的合作海洋中，我们发现了意识力量的岛屿。就像是一桶奶油中凝结着的一块块黄油"。产业组织模式实际上刻画了这样一幅"合作海洋"与"岛屿"的画面。不同产业组织模式中"岛屿"的大小不一样，"岛屿"与"岛屿"之间的关系也不一样。"岛屿"的大小就是企业的边界，而"岛屿"与"岛屿"之间的关系也就是企业与企业之间的竞争与合作的关系。就本质来说，产业组织

---

① 本书重点研究的是产业内的一些企业就自身企业边界的变化而形成的与产业内另一些企业之间的竞争与合作的产业组织模式。产业内企业边界确定的过程，正是企业之间分工合作关系形成的过程，因此也是产业组织模式确定的过程。

模式是一种制度安排，一种自发秩序。

（1）产业组织模式是产业内关于企业之间关系的制度安排

制度可以被定义为一组运行规则，它们是用来决定在一些场合谁有资格做出决策，什么行为是允许的，或者要被限制的，什么样的一组规则可以被采用，应该遵循什么样的程序，必须或者不必提供什么信息，应该如何根据个人的绩效制定支付条件[①]。肖特（Schotter）认为，制度是一种被全体社会成员公认的社会行为规则，明确规定某种周而复始的特定情境下的行为。并且，制度要么是自我维系的，要么通过外部力量维系。[②]制度为日常生活活动提供了一种行为准绳，从而降低了不确定性[③]。产业组织模式的实质是关于产业内企业之间关系的制度安排。这个制度安排约定了产业内企业之间的竞争与合作的具体关系。举例来说，一项业务环节被安排在了一个企业，而另一个企业需要向该企业购买该项业务的产品实现自己的生产过程，这就形成了两个企业之间的分工合作关系。产业组织模式作为一种制度安排，指引着企业处理与其他企业之间的关系，让企业明确哪些可以做，哪些不能做，以减少企业在运营过程中的不确定性。当一个企业不按照主流的产业组织模式进行自身的组织模式调整的时候，它可能会陷入被动，甚至被市场所淘汰。例如，当某种业务环节很难通过市场购买到，或者说其他同类企业都是自行生产该环节，而非通过市场购买时，一个不在企业内自行生产而试图外购该环节的企业就可能面临较高的关于"发现"的交易费用，从而使其处于竞争的劣势。

（2）产业组织模式是一种自发秩序[④]

① 弗鲁伯顿，芮切特. 新制度经济学：一个交易费用分析范式 [M]. 姜建强，罗长远，译. 上海：上海三联书店，上海人民出版社，2006：7-10.

② SCHOTTER A. The economic theory of social instituitions [M]. Cambridge: Cambridge University Press，1981：11.

③ 诺思. 制度、制度变迁与经济绩效 [M]. 杭行，译. 上海：格致出版社，上海三联书店，上海人民出版社，2008.

④ 产业组织模式作为一种自发秩序，是指在政府不干预的情况下，其作为一种制度，可以自我维系。

产业组织模式作为一种制度，也可以解释成一种秩序。秩序是"这样一种事态，其间，无数且各种各样的要素之间的相互关系是极为亲密的，所以我们可以从我们对整体中的某个空间部分或某个时间部分所做的了解中学会对其余所做出的正确的预期，或者至少是学会做出颇有希望被证明为正确的预期"。可见秩序是一种规则或制度，为人们的行动提供某种依据。而自发秩序，就是那些追求自己目的的个人之间自发生成的一种秩序，它是人类行动的结果，但不是人类有意识设计的结果。哈耶克指出"在各种人际关系中，一系列具有明确目的的制度的生产，是极其复杂但却条理井然的，然而这既不是设计的结果，也不是发明的结果，而是产生于诸多并未明确意识到的其所作所为会有如此结果的人的各自行动"。①可见，自发秩序的最大特点就是它是自发生产的，而非人为设计。它与那种通过把一系列要素各置其位，并指导、控制其运动方式而确立起来的"人造秩序"相对立。在哈耶克的秩序理论之中，秩序与组织是相互对立的概念，组织（organization）一词具有明显的人为设计的含义，各种组织的出现通常都具有某种特殊设定的目标，与不具有任何具体目的的自发秩序正好形成了对照。②而产业组织模式的"组织"实际上是沿用了一种习惯的称呼，并不具有任何的人为设计的意思。产业组织模式作为一种秩序，是自发生成的，而非人为设计的结果，是一种自发秩序。它是产业内企业家在实现各自目的的过程中，调整各自企业边界而自发形成的一种无意识的结果。亚当·斯密在其《国富论》中谈到"像在其他许多场合一样，他受一只看不见的手的指导，尽力去达到一个并非他本意要达到的目的，也并不因为事非出于本意，就对社会有害。他

---

① 邓正来. 哈耶克的社会理论见 [M] //邓正来. 研究与反思. 沈阳：辽宁大学出版社，1998：224.
② 谢志刚. 奥地利学派的制度分析方法 [J]. 云南财经大学学报，2011，27（2）：12-22.

追求自己的利益，往往使得他能比真正出于本意的情况更有效地促进了社会的利益"。①产业组织模式作为一种自发秩序，也是企业家在无意识的过程中促进了社会的利益。哈耶克认为自发秩序能依靠分散的个人理性形成社会剩余的最大化。②人为干预或计划手段往往会将社会带往"通向奴役之路"。

产业的组织模式是关于产业内企业之间竞争与合作关系的制度安排和一种自发秩序。这种制度安排本质上是为产业内企业的企业边界选择行为提供一种较为确定的准则，体现了企业的行为与结构之间的一种确定性的联系。因此产业组织模式是产业内企业对于某些行为及行为结果的共同信念，实际上可以看成一个博弈的均衡。

奥地利学派对于均衡是否存在的问题有着不同的观点。拉赫曼认为市场过程是新知识的创造过程，是对无穷多的可能性进行探索的过程，因此也就不可能存在一个所有人的预期都会趋于一致的均衡点③。科兹纳认为个体行为是非均衡的。但是个体的不均衡相加后，市场在总体上存在朝着均衡状态移动的趋势，但到不了均衡④。这里我们并不同意奥地利学派这一观点。奥地利学派之所以认为均衡不会产生，是因为他们过于关注市场的变化。这里我们认为企业之间的这种博弈均衡是存在的。这主要是基于两个方面：一方面，环境的变化虽然是不断进行，但企业对于环境变化的认知需要时间，企业自身的内生性积累也需要时间，因此企业并非时刻随着环境变化和内生性积累的进行而调整。更多的时候是变化或积累到了一定程度才做出调整。在企业认知这种变化之前，均衡是可以达到的。另一方面，参与

① 斯密. 国民财富的性质与原因的研究（下卷）[M]. 郭大力，王亚南，译. 北京：商务印书馆，1994：27.
② 哈耶克. 通往奴役之路 [M]. 王明毅，冯兴元，等译. 北京：中国社会科学出版，1997：52.
③ LACHMANN L M.Capital, expections, and the market process: essays on the theory of the market economy [M]. Kansas city: Sheed Andrew and Mcmeel, 1978：153.
④ KIRZNER I M.Entrepreneurship and equilibrating process [J]. Austrian Economics, 1990：73-79.

博弈的博弈者对于博弈形式的认知虽然存在差异，但不同参与者认知的交集是认知的主要部分，这有利于博弈均衡的形成并保持相对稳定。历史的事实已经证明了产业组织模式在一段时间内会保持稳定。奥地利学派过度关注了"变化"和不同人的认知的"差异"，这会导致人们不能对现象进行认知，甚至会导致不可知论。这不利于对于制度或产业组织模式变迁过程的分析。

产业组织模式变迁的过程实质上是一个关于产业内企业成员之间关系的制度的变迁过程。制度本身是处于变迁进程之中的，产业组织模式作为一种制度安排也是处于变迁进程之中的。产业组织模式的变迁表现为从一种制度安排到另一种制度安排的变迁，或者说从一种秩序到另一种秩序的变迁。基于主观博弈模型在解释制度变迁过程中的优势，主观博弈模型显然可以更好地解释产业组织模式变迁的机理。可以把产业组织模式看成主观博弈的均衡，通过外部环境变化和企业自身的内生性积累两个方面分析产业组织模式变迁的机理。

3.2 企业之间主观博弈的博弈形式

产业组织模式可以看成产业内的企业就企业之间竞争与合作的关系而形成博弈的博弈均衡。企业家对其参与博弈的形式的认知是基于其主观的，不同企业家之间存在差异。本节对博弈形式，包括博弈的参与者、各参与者的策略空间与后果函数进行界定和说明。

3.2.1 博弈的参与者——企业的企业家

产业组织模式是产业内的企业之间就竞争与分工合作而进行的博弈均衡。企业之间的博弈关系表面上看是企业与企业之间的博弈，但企业作为一个组织，其产生是服务于企业家的目标的。[①]因此企业与企业之间的博弈实际上是企业家与企业家之间的博弈。

（1）企业是企业家实现目的的协调工具

奥地利学派强调企业家的重要作用，认为企业家理论是其理论的核心部分。萨奥尔特认为即使在一个交易成本为零的非均衡世界，企业仍然可能产生，这来自市场中的企业家行为的推动，企业的独特本质并不依赖于的外生意义的交易成本的存在，而是一个服务于内生性的企业家目标。[②]萨奥尔特的分析体现了米塞斯在《人类行为学》中所说的公理，即人的行为是有目的。而正是因为企业家的目的，企业才得以产生，企业的边界才会变化，产业组织模式才会变迁。

华人奥地利经济学家托尼·于（Tony Fu Lai Yu）在《面向一个的人类行动学的企业理论》一文中，构建了基于米塞斯人类行动学的企业理论。他认为企业是作为解决协调问题的制度而产生的，企业家的发现和创新要求通过共享的典型化结构形成一个共同的诠释环境。在这个共享的结构内，不排除他们可能有彼此冲突不一致的想法、敌对的竞争、不同的预期以及知识的分工，然而，企业作为一种共享的结构能够减少这些问题，通过建立一套企业家发起的共同的组织目标以便于交流[③]。诺思也认为，企业家会对制度框架内的激励做出反应。当相对价格（如信息成本的改变，要素价格比率的变化，技术的变化等）与偏好发生变化时，企业及其企业家会对制度框架内的激励做出反应，制度就会发生变迁[④]，这里表现为产业组织模式的变迁。企业作为企业家实现其目的的协调工具或手段，因此企业的行为目的

---

① SAUTET F.An entrepreneurial theory of the firms［M］. London：Routlege，2000.
② SAUTET F.An entrepreneurial theory of the firms［M］. London：Routlege，2000.
③ YU T F L. Toward a praxeological theory of the firm［J］. Review of Austrian Economics，1999，12（1）：25—41.
④ 诺思. 制度、制度变迁与经济绩效［M］. 杭行，译. 上海：格致出版社，上海三联书店，上海人民出版社，2008.

或者企业的目标实际上反映的是企业背后的企业家的目标，而企业的行为正是企业家决策的结果。因此在产业组织模式中表现出的企业与企业之间的博弈的实质是企业家与企业家之间的博弈。

这种基于人与人之间的博弈，更容易反映出博弈参与者在博弈过程中的目的性，以及博弈参与者的主观认知对于博弈均衡的影响。另外企业家才能，具体来说是企业家发现机会并进行创新的能力，在主观博弈的过程中发挥着重要作用。正是基于企业家发现机会的能力，新的机会才得以被发现。也正是基于企业家的创新能力，新的博弈均衡才得以被产生。因此，这里把企业家看成博弈的参与者。随着企业之间的竞争的进行，有一部分企业将被淘汰出局或是被并购，而又有一些新的企业加入，这里忽略产业内企业数量变化带来的博弈参与者数量变化的影响，因为产业内的企业数量众多，这种变化一般来说影响较小，所以可以忽略。

（2）企业家的有限理性与主观认知

根据上一章对企业家行为特点的分析，在构建企业家参与的关于产业组织模式的主观博弈模型的过程中，我们仍假定企业家是具有有限理性的，并且对于博弈的形式的认知是基于自身的主观认知的。

这里认为企业家的有限理性是哈耶克式的有限理性，即每个人都有着某种"理性不及的无知状态"，而非那种根据信息不对称、信息的处理费用等概念而确定的有限理性。哈耶克式的有限理性使得企业家不可能对于客观世界有完整的认知，他对于客观时间的认知必然存在理性不及的无知状态。

主观认知是指企业家在参与博弈的过程中，对于周围环境的认知、博弈形式的认知都是基于自己的主观认知的，而非一种客观的现实。主观认知比客观认知更符合经济现实。在现实生活中，人都是基于自己的主观认知来认识世界的，不同人对于客观世界的认知存在差异。虽然不同的人对于客观世界的主观认知存在差异，但同时也存在着彼此一致的部分。正是基于人们在认知中存在彼此一致的部分，秩序才得以生成和演化，生产、交换等活动才得以进行。企业家在行动的过程中也会积累相应的经验，获取知识，并基于自己对于博弈形式的主观认知，形成预期。每个参与者共享一个公共信念系统 $\sum^*$。这个公共信念系统 $\sum^*$ 就是博弈参与者关于博弈形式认知中的相互一致的部分，即关于产业组织模式的制度。除了这个公共信念之外，博弈的参与者还有各自的私人剩余信息 $I_i(s)$，私人剩余信息 $I_i(s)$ 是博弈参与者彼此认知不一致的地方，也正是因为私人剩余信息 $I_i(s)$ 存在，形成了每个博弈参与者关于博弈形式的主观认知的差异。若 $\sum^*_i(s)$ 是参与者 i 在 s 的信息集上的概要表征，可知：

$$\sum\nolimits^*(s)=\sum\nolimits^*_i(s)-I_i(s) \tag{3.1}$$

博弈参与者的主观认识是对客观的反应，并非凭空生产。因此，在参与者的信息集 $\sum^*_i(s)$ 中，参与者认知相互一致的公共信念系统 $\sum^*$ 占了较大的比例，只有少数信息是不一致的。当然这种不一致的信息一方面会给一些企业家带来损失，另一方面，也会为一些企业家带来机会。

3.2.2 博弈参与者的策略空间

（1）策略空间的构成

交易成本理论把"交易"作为基本的经济分析单位。这里，我们延续威廉姆森的传统，也把交易作为分析的基本单位。企业家基于节省交易成本的目的，考虑其企业边界的确定①。也就是说企业家关于

---

① 企业之间竞争的策略有很多，如价格、广告等策略，但这里对这些策略都不考虑，仅考虑企业边界调整引发企业之间的竞争与合作的博弈关系。

自身企业边界确定的策略构成了其策略空间。从另一个角度来说，企业边界确定的过程也就是企业家采用不同的治理结构组织不同交易的过程。不同属性的交易可以由三种治理结构进行组织，分别是企业、市场和介于二者之间的中间组织①。对于前两种治理结构而言，企业的边界是确定的，对于第三种治理结构而言，企业与企业之间存在着模糊地带，或者说在各自明确的边界之间，有一块既有市场性质，又有企业性质的地带。企业家通过对于交易属性的认知，选择适合交易属性的治理结构，从而确定企业的边界。

（2）企业家策略的性质

企业边界确定是一个选择的过程。选择企业边界的大小的另一面是一项交易环节是在企业内组织、通过市场来组织还是通过中间组织模式来组织。这种选择的成本就是交易成本。不同制度组织交易的成本不同，导致制度之间在经济绩效方面的差异，因此当与市场相比，在企业治理结构下组织一项相同交易的交易成本更低时，便出现了企业对市场的替代。所以交易成本的节省促使企业家用企业对市场进行替代，或者反之，用市场替代企业。人们通过比较不同治理结构下的交易费用进行治理结构的选择，可以看出企业家关于企业边界的确定实际上体现了企业家作为一个行为人的目的性，即节省交易成本。

企业家关于企业边界确定的策略是相互影响的，即一个企业关于自身的边界的确定不仅影响其自身的收益，而且影响其他企业的收益。例如，当一个企业决定扩大企业边界，将一项交易纳入企业内部进行组织，不再通过市场来组织该项交易。这一方面影响了该企业自身的收益，增大或减少了其交易成本，从而影响了其竞争的优势。另

---

① WILLIAMSON O E.Transaction cost economics： the governance of contractual relations [J]. Journal of Law and Economics，1975，22（2）：233-261.

一方面，这种调整必然影响另一个企业的边界或是其组织交易的交易成本，从而影响其竞争优势，因此，也影响了其他企业的收益。

同时企业边界变化的过程也是一个市场竞争的过程。企业组织模式的变化和创新是企业竞争的手段，企业家正是通过企业边界的变化增加了自己的竞争优势，而这必然会影响产业内的其他企业的收益。当一个企业的边界变化为其带来因交易成本节省而产生的收益时，其他企业会模仿该企业的策略，从而使得整个产业内的企业的边界都发生变化，而这种产业内企业边界变化的过程，正是基于企业之间的竞争所导致的，因此可以看作竞争的过程。

（3）策略空间的变化

根据青木昌彦的观点，每个参与者 i 的"技术可行"策略的客观集合 A_i（$i \in N$）可以由一个无限维度的空间代表，但在任何时点上，只有一个有限维度的子集处于启用状态①。在这个关于产业组织模式形成的主观博弈模型中，企业家的策略集合是关于企业边界确定的策略构成，也是一个无限维度的空间。但某些策略在一些特定的时间和特定的环境中可能是不可行的，因而只有一个有限维度处于开启状态。在某些策略不可行的原因中，比较常见的情况是因为政策的限制或者认知的原因。例如，政府为了防止市场势力的形成，而不允许企业的边界做出改变。或者由于企业家的认知的原因，没有认知到策略空间中的某一个维度。

米塞斯将时间理解为人行为的一个维度，认为"行为总是指向未来；为了一个更好的未来筹划和行动的，其目的总是要使得未来的情形比不受行为的影响要更加的满意。……当人们筹划着把目前不太满意的现状转化为未来比较满意的状态时，人们才意识到时间。"②在

---

① 青木昌彦. 比较制度分析 [M]. 周黎安，译. 上海：上海远东出版社，2001.
② MISES L V.Human action [M]. New Haven：Yale University Press，1963：100.

时间的进程里，没有任何两件事物是完全相同的。企业所处的环境是不断变化的。环境的变化必然引发企业家对于环境的主观认知的变化。这将使得企业家所认知的通过企业组织交易而产生的交易成本和企业家所认知的通过市场组织相同交易而产生的交易成本都处于不断的变化之中。也触发了企业家把"目前不太满意的现状转化为满意的状态"的动机。当企业家所认知的通过企业和市场组织交易的交易成本的对比发生根本变化①时，就可能会引发企业边界的变化。由于这种认知可能不断发生变化，因此企业的边界也会不断发生变化。因此从这个意义上说，企业边界是动态变化的，而非表现为一种静态不变的均衡。

当然这并不是说企业的边界时刻在变。企业的边界在较短的时间内一般是稳定的，而在较长的时间里才会发生变动。这种结论与经济现实中的企业边界的变化是一致的。

3.2.3 博弈参与者的后果函数

（1）交易费用与企业的后果函数

企业家的后果函数即企业家参与博弈的收益函数。各企业的利润可以看成后果函数的因变量，而企业家关于企业边界调整的策略则是自变量。因为企业家对于博弈的形式的认知是主观的，每个企业家的认知之间存在差异，各自的后果函数的具体参数很难估计，因此很难写出后果函数的具体形式。企业家收益的具体数值也很难确定。企业之间的竞争优势来源于交易成本的节省。因此，可以通过不同企业所面临的交易成本比较其收益。汪丁丁认为，"交易费用必定涉及两个

---

① 原本一项交易通过企业组织的交易成本低于通过市场组织该交易的交易成本，当该项交易通过企业组织的交易的交易成本高于通过市场组织该项交易的成本时，就发生了根本性变化。

以上的人的行为，所以必定是一个博弈行为"[1]。在产业组织模式的主观博弈过程中，交易费用正是基于博弈行为而产生的。例如，当一个企业家认为将一个交易环节通过市场来组织有利，而进行外购的时候，必定存在另一个出售该环节的企业。二者之间必定存在博弈行为，由此而产生了由市场组织交易的交易成本。通过比较这种基于博弈行为而产生的交易成本，可以确定不同企业的竞争优势，进而比较其收益的大小。

（2）交易费用的重新界定

这里需要基于奥地利学派的主观主义的观点重新界定一下交易成本。尽管交易成本是新制度经济学的基础性和核心概念，它的发现对经济学产生了重大影响，具有重要意义，但"从这个经济学术语诞生那一天起，经济学界——尤其是新制度经济学派内部——对它的理解和把握就存在着巨大的理论分歧"[2]，人们对于这个概念的引用较多，而理解很少。威廉姆森认为"交易成本已经是当然地成为分析的核心，但多少还不具有可操作性，允许人们用系统的方式评估企业与市场之间完成交易的效率"[3]。另外科斯没有说明到底哪些力量决定着交易费用的大小和交易制度的方式。实际上交易成本的概念确实过于模糊，以至于有些学者认为"应该抛弃掉'交易费用'这个概念，因为我们真的不知道它到底是什么"[4]

韦森认为，"把握和重新建构'交易费用'概念的出路——至少摆脱理解目前新制度经济学交易费用争论困境的出路——可能性可能

---

① 汪丁丁. 交易费用与博弈均衡 [J]. 经济研究，1995（9）：72-80.
② 韦森. 奥地利学派的主观主义认知论与交易费用经济学范式的未来发展：一个偶然的理论猜想——为张五常教授七十寿诞而作 [J]. 云南大学学报（社会科学版），2005（6）：40-46；93.
③ 威廉姆森. 市场与层级制：分析和反托拉斯含义 [M]. 蔡晓月，孟俭，译. 上海：上海财经大学出版社，2011：3.
④ 汪丁丁，韦森，姚洋. 制度经济学三人谈 [M]. 北京：北京大学出版社，2005.

在于奥地利学派的'主观价值论'"。①这里基于奥地利学派的主观主义的视角重新认识交易成本，并把它解释成为一种机会成本。

①作为机会成本的交易成本

科斯认为使用市场组织交易是有成本的，即"发现相关价格的成本"，由此引出了交易成本的概念。科斯在《社会成本问题》一文中重新对市场组织交易的交易成本进行了解释，"为了进行市场交易，有必要去发现谁希望进行交易，有必要告诉人们交易的愿望和方式，以及通过讨价还价的谈判缔结合约，督促合约的严格履行，等等"②。科斯对于市场组织交易的交易费用可以归结为：搜寻和信息费用；讨价环节和决策费用；监督和执行费用。相对于市场，企业在组织交易的过程中也存在组织成本，威廉姆森将其归结为：建立、维持或改变一个组织设计的费用；组织运行的费用③。可以看出任何制度的运行都是有成本的，而一些学者在进行关于制度选择的分析中对交易成本的解释，都是基于制度运行过程中实际产生的交易成本，但人们在进行制度选择时所面临的交易成本，并非一种实际发生的成本，而是一种关于选择的成本。人们对于交易成本的误用和错误理解在于把选择过程中的交易成本当成了实际发生的成本。实际上，作为一种选择过程中的成本，交易成本实际"从未发生"。④

经济学家在考虑面临选择的问题时，会把"成本"定义为"机会成本"。一个面对一组选择机会的理性的人所做的某一个选择的机会

---

① 韦森. 奥地利学派的主观主义认知论与交易费用经济学范式的未来发展：一个偶然的理论猜想——为张五常教授七十寿诞而作 [J]. 云南大学学报（社会科学版），2005（6）：40-46；93.

② COASE R H.The problem of social cost [J]. Journal of Law and Economics，1960，3：1-44.

③ WILLIAMSON O E.The economic institutions of capitalism [M]. New York：Free Press，1985：1.

④ 指在选择的那一时刻，交易成本并未产生，而选择之后产生的成本并非直接导致选择原因的成本。

成本，应该定义为他所放弃的其他的选择可能带给他的最高价值。[①]
詹姆斯·布坎南在其著作《成本与选择》中区分了"影响选择的成本
和选择影响的成本"。[②]其中选择影响的成本是一种实际发生的成本，
而影响选择的成本正是机会成本。严格地说，只有影响选择的成本才
体现了对所强调的"机会"的一种评价。[③]

维塞尔（Friedrich Von Wieser）在 1889 年出版的《自然价值》
一书中，从主观估值这一事实演绎、研究了生产分配活动，提出关
于"机会成本"的概念。他认为成本只是一种为了获得更高的偏好
效用而被有意牺牲的预期效用[④]。实际上，机会成本的理念可以追
溯至亚当·斯密等古典经济学家。亚当·斯密在《国富论》中就曾
以鹿和海狸举例说："如果一个以狩猎为生的国度，捕杀一只海狸
消耗的劳动通常二倍于捕杀一头鹿所消耗的劳动，那么一只海狸自
然就应当交换两头鹿，或者说值两头鹿。"[⑤]可见在这一解释中，蕴
含着机会成本的概念。奈特也认为："任何价值的成本，都只是选
择该种价值而放弃的另外一种价值；正是对选择的顺应或抵制才使
之成为选择。"[⑥]

实际上正是由于选择，才产生了机会成本。科斯认为市场组织交
易是有成本的，而这种成本主要是"发现价格的成本"，由此引出了
交易费用，并提出了企业是市场的替代。可见科斯认为人们面临两种
制度的选择，即企业和市场。正是因为有两种制度的选择才产生了交

① 汪丁丁，韦森，姚洋. 制度经济学三人谈［M］. 北京：北京大学出版社，2005：40-46；93.
② 布坎南. 成本与选择［M］. 刘志铭，李芳，译. 杭州：浙江大学出版社，2009：44.
③ 韦森. 奥地利学派的主观主义认知论与交易费用经济学范式的未来发展：一个偶然的理论猜想——为张五常教授七十寿诞而作［J］. 云南大学学报（社会科学版），2005（6）：40-46；93.
④ 维塞尔. 自然价值［M］. 陈国庆，译. 北京：商务印书馆，1982：213-215.
⑤ SMITH A.The wealth of Nations［M］. New York：Random House，Modern Library Edition，1937：47.
⑥ KNIGHT F H.The Ethics of competition［M］. London：Allen and Unwin，1935：225.

易成本。汪丁丁也曾指出，"许多新制度经济学的文章谈及制度成本时没有明确说明哪些制度是可供选择的，如果制度是不能够选择的，怎么会有制度成本呢？"[1]因此，交易成本作为一种影响制度选择的成本，必然是一种机会成本，而非实际发生的成本。

②主观认知的交易成本

作为选择过程中的成本，交易成本并不是客观存在的成本，而是一种主观认知的成本。经济思想史上历来就有主观价值论和客观价值论的争论，这种争论一直延续到今天。这里我们赞同主观价值论，把交易成本看成一种主观认知的成本。既然交易成本是一种机会成本，其"从未发生"，那么它必然是一种主观成本。正如韦森教授的观点："未来交易费用经济学范式的复兴和发展可能有赖于其吸纳奥地利学派的主观成本论"[2]，只有把交易成本看成一种主观的成本，它才是影响人们对于企业边界大小进行决策的成本。汪丁丁认为："凡是建立在'客观价值'基础上的理论就一定不是科学的理论，这是因为缺乏波普所论的实证意义，科学就不成为科学。"[3]实际上，机会成本概念有两个要素：一是任何成本都是关于选择的成本。二是任何成本都是对于某一个人的主观价值判断而言的成本[4]。从第二个要素看，人们对于成本的认识是基于主观的。奥地利学派正是坚持主观主义的方法论，将成本看成主观认知的成本。米塞斯认为"只有像边际效用论所做的那样把成本概念归结到其最终基础上，才能把经济行动的社会内容完全带入视野。""奥地利学派该受到称赞的是他们没有停留在成本的概念上，相反，他们将研究继续推进到甚至可以把这个概念追

---

① 汪丁丁. 从"交易费用"到博弈均衡 [J]. 经济研究，1995，30（9）：72-80.
② 韦森. 奥地利学派的主观主义认知论与交易费用经济学范式的未来发展：一个偶然的理论猜想——为张五常教授七十寿诞而作 [J]. 云南大学学报（社会科学版），2005（6）：40-46；93.
③ 汪丁丁. 从"交易费用"到博弈均衡 [J]. 经济研究，1995，30（9）：72-80.
④ 汪丁丁. 从"交易费用"到博弈均衡 [J]. 经济研究，1995，30（9）：72-80.

溯到主观价值判断那一点上。"①

在本书的研究中，交易成本是企业家在确定企业边界的过程需要考虑的成本，因此它必然是一种主观的机会成本。既然交易成本是一种基于主观认知的机会成本，那么客观计量它的大小是不可能的，也是没有必要的。说其不可能，是因为它是基于主观的，并非实际发生的成本。说其不必要是因为只要主观对比选择的收益和机会成本二者谁大谁小，就可以对选择的行为进行评价，而不一定要客观地确定收益的具体数额，或是成本的具体数额。当然这种评价也是对自身的评价，每个人的主观认知不同，其认知的收益与机会成本必然存在差异。

3.3 产业组织模式形成的主观博弈过程

产业组织模式形成的主观博弈过程可以分成三个阶段：第一阶段是产业内企业对于博弈场景知识的学习阶段；第二阶段是企业根据学习积累的关于博弈场景的知识形成自己的主观博弈模型的阶段；第三阶段是企业根据自己构建的主观博弈模型进行博弈的阶段。这三个阶段在时间上不一定存在固定的先后顺序，它们通常被交织在一起，可能同时发生。

3.3.1 博弈场景知识的学习阶段与博弈模型的建立阶段

主观博弈的第一个阶段是企业家学习博弈场景知识的阶段。博弈场景知识包括一般标准型博弈中所包括的博弈的参与者集合、可行策略集合以及每个博弈参与者的支付函数等，也包括扩展博弈中

———————————
① 韦森. 奥地利派的主观主义认知论与交易费用经济学范式的未来发展：一个偶然的理论猜想——为张五常教授七十寿诞而作 [J]. 云南大学学报（社会科学版），2005（6）：40-46；93.

描述的博弈的次序、信息集合和决策点集合等相关知识。正如一个打算新进入某一产业的企业家，在进入的初期，要对谁是自己的竞争对手、竞争对手可能会采取哪些策略、竞争对手的收益情况等相关知识进行学习。当然这种知识的认知是基于主观的，不同的参与者之间会存在差异。参与者如何理解和认识博弈场景是当前实验博弈理论研究的最为重要的问题之一。主观博弈论认为基于关于制度变迁的主观博弈一般发生在许多复杂的社会博弈场景中。由于参与者并非完全理性而是有限理性的和博弈场景的复杂性，参与者对客观的博弈场景认知必然是有限的、不全面的。正是因为如此，博弈参与者必须在重复博弈过程中不断学习有关博弈场景的知识。随着博弈进程的不断展开，博弈参与者关于博弈场景的知识会越来越多，认识也会逐渐趋于客观。

产业组织模式形成的主观博弈过程的第一阶段，产业内的企业会对产业内同其竞争的其他企业、各企业根据现行策略确定的企业边界进行认知，以及根据各企业的竞争地位对各企业的策略的收益进行估算，从而了解博弈参与者的收益函数。这是一个为建立主观博弈模型而收集必要素材的过程。

第二阶段是建立关于产业组织模式主观博弈模型的阶段，这一阶段主要指参与者在自己认知模式下，通过对上述已经学习掌握的博弈场景的知识进行归纳（包括编码和抽象等过程），进而形成自己的主观博弈模型。主观博弈模型涵盖了主观博弈的规则、参与者的行动推理规则和参与者对其他参与者类型和策略等的主观预期。由于认知的主观性，各参与者构建的主观博弈模型与客观情况必定存在差异，不同参与者构建的主观模型之间也必定存在差异，但建立主观博弈模型是进行博弈的基础，也是对自身策略进行选择的基础。正是基于主观博弈模型，企业家才有可能进行相对理性的选择，而非随意而为之。

3.3.2　基于构建的主观博弈模型进行博弈的阶段

第三阶段是参与者在各自构建的主观博弈模型的指导下进行博弈，并在博弈进行的过程中，通过结果与预期的对比，不断地对已构建的主观博弈模型进行修正，进而可能达到主观博弈策略均衡或是主观信念均衡。

（1）博弈参与者的策略选择

作为博弈的参与者，企业家根据其策略的启用集合选择策略。根据已知的产业组织模式，或者说给定的制度现象，自身关于环境的主观推断和私人剩余信息，选择其预期使其效用最大化确定企业边界的策略，或者说选择使得交易成本最低的治理结构。

假设博弈参与者的策略组合为 $s \in x_i S$，博弈的参与者，即每一个企业家在一个公共信念系统 $\sum^*$，即关于产业组织模式的公共信念系统和参与者 i 在 s 的信息集上的概要表征 $\sum_i^*(s)$（$\sum^*(s)=\sum_i^*(s)-I_i(s)$）的约束下进行关于企业边界确定的策略选择。对于每个参与者来说，其最佳的策略是：

$$s_i^*=\mathrm{argmax}u_i\,(\Phi_i(s_i,\ I_i(s_i,\ s_{-i}^*):\sum{}^*,\ e) \tag{3.2}$$

其中：s_{-i}^* 代表其他参与者的最佳策略，e 代表企业所处的环境。

这实际上就是博弈均衡的条件。它所描述的情况是，所有的参与者，即企业家把产业组织模式看成是相关约束[①]，并相应地采取行动，其结果是，制度不断被确认和再生。如果上述条件满足，我们即说参与者的主观博弈模型处于一般认知均衡，产业组织模式 $\sum^*$ 是可再生的。制度的再生性不要求参与者的主观博弈模型必须完全重复地

[①]　如果自身的企业边界符合了产业组织模式的约束，则可以盈利和生存下去，否则可能亏损，甚至倒闭，被市场淘汰。

产生。参与者可以在边际上或参数上改变个人认知、报酬预测和行动决策或随机实验的规则集合，但即便这样，上述一般均衡条件对于给定的产业组织模式$\sum^*$来说仍然成立。

对于任何参与博弈的一个企业家来说，上面的博弈结构可以用青木昌彦定义的科斯盒子来进行概括，见表3-1。

表3-1   **个体参与人的主观博弈模型**

	参数性数据 （博弈的外生规则）	内生变量
内生于参与者 （微观）	（A）启用的决策子集	（S）最佳反映决策规则
外生于参与者 （宏观）	（CO）推断规则	（E）私人信念
	（I）制度（共有信念）	

资料来源：青木昌彦. 比较制度分析 [M]. 周黎安，译. 上海：上海远东出版社，2001：191.

在上述矩阵中，下面一行表示作为博弈参与者的企业家所面临的外在性宏观维度。上面一行表示内生于博弈参与者的微观维度，矩阵中（I）格是作为共有信念的制度，（CO）格是由后果函数代表的环境对参与人行动后果的影响，（A）格表示参与者的行动决策集合，（S）格代表参与者的策略选择，它受（E）格所代表的对他人决策预期的制约。

（2）认知危机与策略调整

参与者共享的一个公共信念系统$\sum^*$即为产业组织模式，它是参与者对具备足够均衡基础的主观认知规则的信息浓缩。模型表明，当参与者的行动在各个时期确定企业边界的策略带来的收益与预期的相互一致时，他们的主观认知被其行动的可观察的事实证实。这样，均衡路径s将持续再生，并作为产业内各企业未来确定企业边界的行动指南不断再生出来。反之，当认知的产业组织模式所导致的行动决策未能产生预期的后果，一种普遍的认知危机便会随之出现，当"认知危机"达到临界规模时，就会引发人们采取新的策略，从而引发主观博弈均衡的改变，直到博弈参与者采取的新均衡到导致的后果符合了他的预期，新的博弈均衡就出现了。

主观博弈的这种思想可以看作是对哈耶克观点的继承，哈耶克在批评新古典均衡理论中的信息充分的假设时曾指出，"只有当一个人持续所采取的先后行动都是同一项计划里的一部分的时候，他的这些行动之间才会存有某种均衡关系；因此这个人所具有的相关知识所发生的任何变化，亦即会致使他修正自己计划的任何变化，都会打乱他在他的知识发生变化以前所采取的行动与他在此之后所采取的行动之间的那种均衡关系；换言之，一个人只有在他的预期被证明是正确的期间内所采取的行动才能构成均衡关系"。可见主观博弈的思想其实是与哈耶克的思想一致的。

因此，产业组织模式作为主观博弈的均衡，在一段时间内表现得较为稳定。当环境变化或是内生性原因引发的企业家的认知危机时，企业家就会调整策略，从而打破原有博弈均衡，直至形成新的博弈均衡。因此产业组织模式的变迁可以理解为从一种博弈均衡到另一种博弈均衡的移动过程，其中伴随着企业家行动决策规则和他们对于制度共同认知表征的系统性变化。

上述产业组织模式作为一种制度，其变迁的逻辑可以通过图3-1来表达。

举例来说，假设现行的产业组织模式是以纵向一体化的大型层级企业为主导的产业组织模式，则"纵向一体化"成为产业内所有企业的一种共有信念得以确认。此时"纵向一体化"组织模式成为一种约束，当一个标新立异的企业不采用"纵向一体化"组织模式时，它很难取得竞争优势或是生存下来。因为当其他企业都采取纵向一体化治理模式时，它很

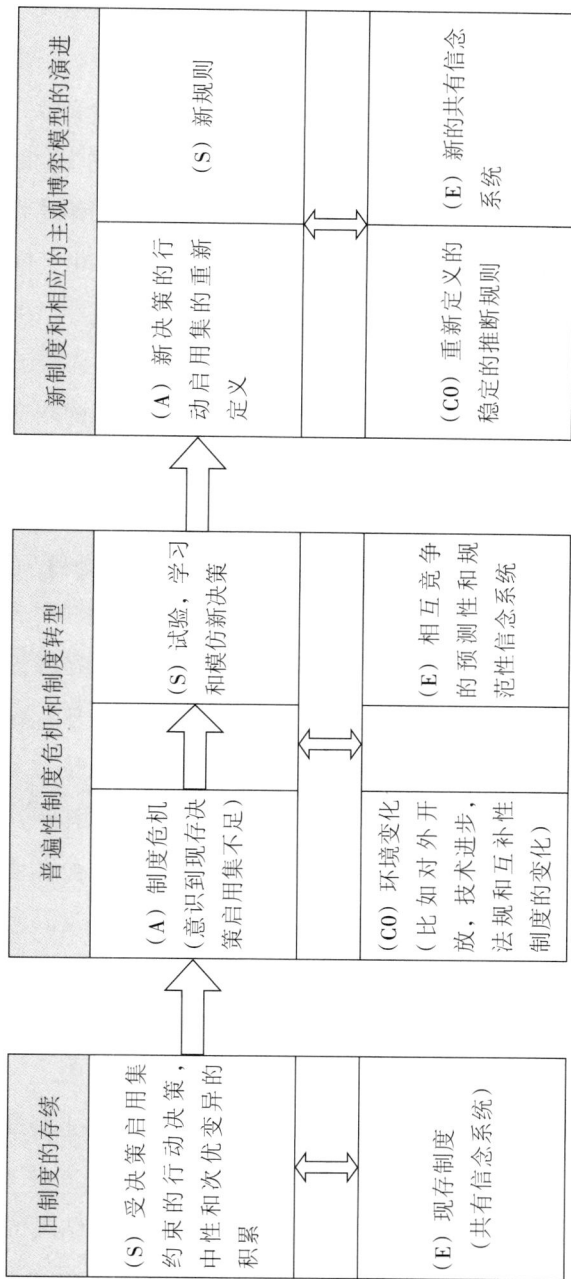

图 3-1 制度变迁机制的认知

资料来源：青木昌彦. 比较制度分析 [M]. 周黎安, 译. 上海：上海远东出版社，2001：246.

难通过市场组织相关交易，或者说通过市场组织交易的交易成本必然很高。因为当行业内所有企业都在企业内自行生产原材料时，一个企业很难在市场购买到它需要的原材料，更可靠的办法是同其他企业一样，也自行在企业内生产。当外部环境变化或者内生性积累导致企业对现有产业组织模式形成一种普遍的认知危机时，企业就会尝试新策略，原有的博弈均衡被打破，从而形成了新的博弈均衡，如模块化生产网络组织模式。

（3）主观博弈均衡与客观博弈均衡

主观博弈均衡是基于参与者主观认知而进行的博弈的均衡，它与客观的博弈的纳什均衡不同，存在着差异。差异主要体现在如下两个重要的方面：其一，前者是一个比后者更加宽泛的均衡概念，它包括纳什均衡，亦即纳什均衡属于主观博弈均衡，然而主观博弈均衡则不一定是客观博弈中的纳什均衡。在主观博弈模型中，当参与者之间的博弈被锁定在特定路径中时，只要参与者不偏离这种路径，即便不是纳什均衡的策略集也会成为主观博弈均衡的策略集。其二，在纳什均衡中，均衡策略和均衡结果都是参与者的共同知识，但是，主观博弈均衡并不能保证均衡策略和均衡结果都是参与者的共同知识，参与者对这些问题的认知是有差异的。由于上述原因，较之于经典博弈，主观博弈预测能力较弱，通常得到较弱的解的概念。

3.4 影响主观博弈均衡的内外部因素

产业组织模式变迁的实质是产业内企业之间进行的主观博弈的博弈均衡发生变化，从一种均衡移动至另一种均衡。影响主观博弈均衡发生改变的因素可以总结为两个方面：一是内部均衡结果的影响积累；二是企业所处的外部环境的变化。不论是环境的变化还是内部均衡结果的积累，都需要达到一定程度才能引发博弈参与者认知的改变，进而引发博弈均衡的改变。

3.4.1 内生性因素的积累

人的预期能力，意味着人的行为遵循不仅仅是简单的"刺激—反应—选择"的模式。拉赫曼（Ludwig Lachmann）认为"自发的智力活动不是对已有的任何事情的'反应'，在市场过程中，市场的参与者可以通过'干中学'找到更有效、更便宜的生产方法，而不是仅仅对信号做出反应。"[①]所以，在博弈重复进行的过程中，即使外部环境不变，博弈内部的因素的内生性积累也会引发博弈参与者认知的改变，从而引发博弈均衡的改变。也正是因为如此，主观博弈模型被认为能够很好地解释制度的内生性变迁。青木昌彦认为关于相关域[②]内部积累性影响，主要有两个方面[③]：

首先是在一定的外生和内生规则下重复博弈的积累性后果已经导致了权力、资产和社会角色分配的不平等，这必然引发博弈参与者对自身及他人的策略集合、收益函数的新的认知，从而对原本博弈产生的这些规则的合法性产生了普遍质疑。当这种质疑超过了临界规模，便引发博弈参与者采取新的博弈策略，从而引发了博弈均衡的改变。

其次是认为现存的制度安排属于中性或略为缺乏效率的变异者数目以及变异者的能力在域内部已经积累到一种显著程度。也就说随着博弈的不断进行，博弈参与者逐步发现或者说认识到了原本认为是具有效率的规则经过事实的检验是缺乏效率的，或者是由于博弈者能力的提高改变了原有的均衡。

---

① 朱海就. 市场的本质：人类行为的视角与方法［M］. 上海：格致出版社，上海三联书店，上海人民出版社，2009：24.
② 博弈的域由博弈参与人集合和每个参与人在随后各期所面临的技术上可行的行动集组成。
③ 青木昌彦. 比较制度分析［M］. 周黎安，译. 上海：上海远东出版社，2001.

实际上青木昌彦所归结的两个方面的内生性积累因素都可以归结为知识，可以通过奥地利学派的知识理论来解释。在产业组织模式形成的过程中，企业资产的变化可以看作企业家通过其新掌握的知识或信息使得资产的所有者相信能够得到更高的利润回报，这是一种知识的变化。而对于原有制度效率的认知也是一种知识的变化。哈耶克认为："为使均衡得以成立，他必须拥有的有关知识，是因为他起初的地位而必然获得的知识以及他后来制订的计划。这肯定不是所有的知识，如果他偶然得到这些知识，它对他则是有用的，并会导致他计划的改变。只是因为某些人没有机会了解事实，我们才能很好地拥有一个均衡的状态，如果他们了解事实，就会导致他们计划的改变。或者换句话说，均衡仅仅以人们在试图执行其可能达到均衡的初始集合的过程中确实获得的知识为基础。"[①] 根据哈耶克的观点，知识是影响均衡的根本因素，这里可以把青木昌彦所总结的两方面内生性因素看成知识的表现，最终要归结到知识上。在下文的研究关于内生性积累对于产业组织模式的影响中，我们将主要分析知识积累对产业组织模式变迁的影响。

3.4.2 外部环境因素

米塞斯认为："在人的行动领域中观察到的数量……是明显可变的。它们的变化直接影响我们的行动结果。我们能够观察的每一个数量都是一个历史实践，是不能指明时间和地点就无法充分描述的事实。""真实的情况是，只有变量，没有常量，在没有常量的情况下谈论变量是没有意义的。"[②] 米塞斯的观点强调了环境和经济事务的动态变化。而这种变化必然会引起这里所构建的主观博弈模型的均衡的

---

① 哈耶克. 个人主义与经济秩序 ［M］. 邓正来，译. 北京：北京经济学院出版社，1989：50-51.

② VON MISES L.Theory and history ［M］. Davy City：Liberty Fund Inc，2005：11-12.

变化。但这里应该指出，由于人的有限理性，人不可能时刻认知到环境的每一个变化。人总是在环境变化积累到一定阶段才能认知到环境的变化。只有当企业家认知到了外部环境的变化并达到一定阈值，外部环境的变化才会引起博弈参与者关于博弈形式认知的变化，并在积累到一定程度之后，才会引发博弈参与者采取新的策略，并引发博弈均衡的改变，从而使得产业组织模式处于不断的变迁之中。

根据青木昌彦的观点，比较常见的引发主观博弈均衡改变的外部因素可以总结为如下几个方面：

首先，新技术创新发生了，使得新的技术得以产生。技术是企业行动的约束条件，新的技术的产生，可能会使得企业的某些行动成为可能，从而使得策略集中原本未启动维度可以被启用。

其次，以前封闭的经济交换域开始与外界扩展的市场交换域接触。经济由封闭转向开放使得市场的参与者增加了，原本只有国内企业参与竞争的市场会被国外企业进入，从而博弈的参与者集合发生了变化，即博弈的形式发生了变化。

再次，外部冲击也是一个影响博弈均衡变化的外部因素。例如长期衰退，迫使参与者感觉到有必要提高生产率或其他绩效指标，或者战争时期，人们普遍意识到本国在生产率和创新方面与外国竞争者存在明显差距，这就使得参与者采取新的策略从而引发博弈均衡的改变。

另外，具有强大制度互补性的邻近域出现大规模制度变迁也是一个影响制度变迁的主要因素。由于两种制度间的互补性，一种制度的变迁，必然影响到另一种制度的运行，从而改变其均衡。

最后，后果函数的政策参数发生了巨大变化。受政府政策的影响，改变了后果函数中的参数，使得同一个策略在变化之前与变化之后的收益是不一样的，这同样会引发企业对于博弈形式的认知，从而改变博弈均衡。

3.4.3　内生性积累与外部环境变化的关系

外部环境变化与内生性积累同为影响主观博弈模型的因素，两者不是相互孤立的，而是相互联系的。一般来说，外部环境的变化与产业内的企业的内生性积累是相伴而生且同时进行的。环境的变化在一定程度上会影响企业的积累的进程，而企业的内生性积累又会通过企业行为影响到外部环境。例如技术作为外部环境的一个维度就会对企业的内生性积累产生影响。技术创新尤其是信息技术的创新会加速知识积累与知识传播的进程，反过来，知识的积累与传播又会对技术创新产生促进作用，因此企业的内生性积累又会对环境产生影响。因此可以说外部环境的变化和内生性积累两个方面，相互影响，相互促进，共同影响了产业组织模式的变迁。

但应该指出，本书着重研究了环境变化对于博弈参与者的行为的影响，并不考虑博弈参与者行为对于环境的影响。实际上，博弈参与者的行为也会影响其所处的环境，但一般认为博弈参与者对于环境的影响需要时间较长。例如阿维纳什·迪克西特（Avinsh K Dixit）在谈到人对于制度环境的影响时，就认为"个人企业家或企业在较短的时间内对于制度环境的影响较小，制度环境的演进往往需要数十年。"[①]本书在分析外部环境变化对产业组织模式变迁的影响时，将主要关注那些对于产业组织模式影响较为明显的外部因素，如技术环境、制度环境和市场环境等。

---

① 迪克西特. 法律缺失与经济学：可供选择的经济治理方式［M］. 郑江淮，李艳东，张杭辉，等译. 北京：中国人民大学出版社，2007：5-6.

3.5　本章小结

　　本章把产业组织模式看成一种产业内企业关于竞争与合作分工的组织模式的主观博弈。基于对博弈参与者、博弈参与者的策略集合和后果函数的阐释，构建了关于产业组织模式的主观博弈模型。但由于主观博弈中，不同的博弈参与者对于博弈形式的认知是基于主观的，也就不可能写出具体的博弈形式，并进行博弈均衡的求解。因此，产业组织模式的主观博弈模型是基于博弈思想进行的分析。

　　当企业所处的外部环境发生变化并达到一定阀值时，或者企业的内生性积累到了一定程度，就会引发博弈参与者对于博弈形式主观认知的改变，从而调整其策略，直到形成新的博弈均衡。因此产业组织模式的变迁表现为从一个博弈均衡到另一个博弈均衡的移动。而外部环境变化与企业的内生性积累正是产业组织模式变迁的两个原因。产业组织模式的变迁过程，虽具有动态性质，但并非时刻在变，而是一个构建与破坏不断交替的过程。作为一个自发的制度安排，自发生成的产业组织模式是具有效率的，任何人为设计的产业组织模式或政府行政干预的产业组织模式都是不具有效率的。

第 4 章

企业博弈的环境变化与产业组织模式变迁

产业组织模式是产业内企业之间就竞争与合作关系而进行的主观博弈的博弈均衡。外部环境的变化和内生性的积累都可能会因引发产业组织模式的变迁。本章不考虑内生性积累的影响，单独分析外部环境变化对于对产业组织变迁的影响。外部环境的变化，必然引起参与主观博弈的企业家的策略集合和后果函数的变化，即企业家对于博弈形式认知的变化，从而引发企业家采取新的策略，导致新的博弈均衡的产生，本章具体安排如下：

第一节把企业所处的环境看成一个向量，对环境向量的各维度的环境属性进行说明。第二节分析了环境变化对产业内企业家博弈形式的影响。环境变化一方面改变了企业家的策略空间；另一方面通过改变交易属性改变企业家后果函数的参数。第三节分析了企业环境变化下对博弈形式的新认知引发的产业组织模式的变迁。最后是本章的总结。

4.1　企业博弈的环境

弗里德里希·哈耶克认为："社会经济问题，主要是一个在特定时间、特定地点、如何迅速适应环境变化的问题[①]。"企业作为实现企业家目的的手段和工具，必然处于一定的环境之中的。这种环境是产业内企业共同处于的，或者说共享的一种环境。构成环境的因素会对企业的经营决策形成约束和制约。不同的环境中的企业具有不同的可行策略集合。外部环境的变化会使得一些原本不可行的策略变得可行，或者原本可行的策略变得不可行。同时，外部环境的变化也会使得企业的后果函数的参数发生变化。当企业家认知到这种变化，他认

[①]　HAYEK F A.The use of knowledge in society［J］. The American Economic Review，1945（35）：519-530.

知的博弈形式就发生了改变。

影响企业家确定企业边界的环境因素有很多，如技术环境、制度环境、市场环境乃至自然环境等。这些因素共同构成了一个环境向量e，每一个因素可以看成环境向量的一个维度。

（1）技术环境

技术是实现某一目的的工具或劳动手段的总和，这是一种比较传统的认识。18世纪的法国《百科全书》将技术定义为"为了达到某一目的所采用的工具与规则的体系"[①]。企业必然在一定技术环境的约束下进行决策。"组织对技术的运用使组织变得越来越复杂，对技术的依赖性越强，就越可能受到技术的约束，在面对变革的时候就越可能由于受技术的约束而只有有限的选择空间"[②]。技术的环境属性决定着技术是从属于一定环境的[③]。技术是产业内的企业共享的环境向量中的一个维度，影响企业、市场和中间组织等机制的运行绩效。但在其他条件不变的情况下，技术环境的变化对于企业、市场和中间组织等治理结构的绩效的影响并不一致，因此技术也是影响企业家决定其企业边界的重要环境因素。

技术的变迁对于生产成本的影响是明显的，新技术的出现往往可以大幅度降低生产成本。钱德勒在《规模与范围：工业资本主义的原动力》一书中列举了很多技术进步带来的生产成本降低的例子。例如，1884年杜克租赁了一台由博恩斯克发明的香烟机，日产12.5万支香烟，是当时最快的工业生产数量的41倍多，从而使得生产成本显著下降。按照估计，每1000支香烟的生产成本降低5先令60便士

---

① 钟学义，陈平. 技术，技术进步，技术经济学和数量经济学之诠释 [J]. 数量经济技术经济研究，2006（3）：156-161.
② THOMPSON J D，BATES F L. Technology，organization and administration [J]. Administrative Science Quarterly，1957，2：325-343.
③ ANTONELLI C. Externalities and complementarities in telecommunications dynamics [J]. International Journal of Industrial Organization，1993，11（3）：437-447.

到5先令10便士。但一般而言，技术的发展对于不同治理结构的生产成本带来的影响被认为是相同①的，因此技术变化带来的生产成本的变化并不影响企业家对于组织模式的选择。可见，技术对于企业组织模式的影响，或者对于产业组织模式的影响并非通过影响生产成本实现的。

技术的变化也会带来交易成本的变化。由于交易是指人与人之间的关系，交易成本产生于人与人之间的交易过程的摩擦。技术的变化会改变这种过程中的摩擦，并且改变的程度在不同的治理结构中是不同的，因此技术的变迁带来的不同的治理结构的交易成本的节省是不一样的。根据诺思的观点，当不同的治理模式所导致的交易成本的对比发生改变时，就会引起制度的变迁。②以信息技术为例，信息技术的发展使信息成本（电报、电话、广播和计算机网络）迅速降低。马龙（Malone）等人认为信息技术在经济组织中或经济组织之间可以起到"电子经纪（Electronic Brokerage）"以及"电子整合（Electronic Integration）"的作用。"电子经纪"是指信息技术具有易于撮合买卖双方进行交易的功能；"电子整合"是指信息技术有利于价值链中相邻的两个活动环节之间的配合与合作。信息技术的"电子经纪"和"电子整合"的功能使得企业或市场（企业与企业之间）可以在同一时间以极少的成本传输大量的信息，并且显著降低协调成本③。这些协调成本的降低，不单发生在企业的治理结构下，也发生在市场治理和中间组织的情况下。但信息技术引发的交易成本的节省在不同治理

①　威廉姆森认为如果是生产规模或范围的原因导致成本过高，那么从技术性质上说，几乎所有特大型企业就都不敢为自己提供所需要的产品。实际上企业自己生产"原材料"而不是外购，既不是规模经济也不是范围经济本身能决定的。我们可以设想一个企业，其"生产能力的"规模已经超过了企业为自己"提供原材料"的需要。如果所签合同都能兑现，那么，这家企业就会减少一个工厂，其产品不仅足以保证该企业自身的需要，还有多余的产品卖给竞争对手或其他有兴趣的买者。

②　诺思. 制度、制度变迁与经济绩效 [M]. 杭行，译. 上海：格致出版社，上海三联书店，上海人民出版社，2008.

③　曾楚雄，林丹明. 信息技术、交易成本与激励：论经济组织形式的中间化 [J]. 中国工业经济，2006（6）：75-83.

结构中是不一样的，使得诺思提出的"交易成本的对比"发生变化，从而引发了企业边界的变化，即选择不同的治理结构去组织交易。

（2）制度环境

根据奥斯特罗姆（Ostrom）的观点，制度可以被定义为一组运行规则，它们是用来决定在一些场合谁有资格做出决策，什么行为是允许的，或者要被限制的，什么样的一组规则可以被采用，应该遵循什么样的程序，必须或者不必提供什么信息，应该如何根据个人的绩效制定支付条件。[①]

制度可进一步细分为制度安排和制度环境。戴维斯（Lance Davis）和诺思（Douglass North）将制度环境定义为一系列用来建立生产、交换与分配基础的基本的政治、社会和法律规则，如支配选举、产权和合约权利的规则等[②]。制度环境有时也被称为基础性制度安排，通常认为其包括政治制度、经济制度、法律制度和文化制度四个方面。企业所处的制度环境可以分成两类，一类是自发生成的，如文化习俗等。这一类的制度是人们行为的无意识的结果，是一种自发秩序。其形成往往需要漫长的演变，而且一旦形成，就表现得相对稳定，不易改变。在制度环境中与自发秩序相对应的是另一种被称为"人为秩序"的制度，如法律制度、政治制度等。这类制度是人为设计的结果，相对于自发秩序而言，更容易发生变化。这类制度被视为哈耶克所定义的外部规则，"我们把'人造的秩序'称之为一种源于外部的秩序或安排"[③]。这种被称为"外部规则"的制度环境与形成"内部规则"的制度安排之间的区别在于"外部规则以命令的方式把

[①] 弗鲁博顿，芮切特. 新制度经济学：一个交易费用分析范式［M］. 姜建强，罗长远，译. 上海：上海三联书店，上海人民出版社，2006：9-11.

[②] DAVIS L，NORTH D.Institutional change and american economic growth：A first step towards a theory of institutional innovation ［J］. The Journal of Economic History，1970，30（1）：131-149.

[③] 哈耶克. 法律、立法与自由（第一卷）［M］. 邓正来，张守东，李静冰，译. 中国大百科全书出版社，2000.

特定的任务、目标或职能赋予组织中的特定的个人，从而可以支配组织成员的行动，它一经创立出来，就会按照自身的规律运转，而内部规则只是否定性的规定了当时不能做的事，然后由个人自己决定行动"①。

制度环境对人的行为产生约束，或提供行为准则，使人知道什么可以做，什么不可以做，并对未来形成预期，根据预期形成自己的计划。不论企业、市场还是中间组织必然存在于一定的制度环境之中，作为人与人之间关系的交易也发生于一定的制度环境之中。一方面制度环境影响着市场机制的运行，在完善的制度环境中市场机制的作用得以发挥，能够顺利地组织交易，而在制度环境不完善的情况下，交易的不确定性增加，部分交易将受到阻碍。另一方面，制度环境本身也对企业存在影响，企业家的行为必然发生于一定的制度环境之中，企业家的策略集合也受到制度环境的影响和约束。因此，制度环境影响了不同治理结构的运行绩效，不同的制度环境对于各种治理结构带来的绩效带来的影响不同，因此制度环境也是影响企业家确定其企业边界的一个重要的环境因素。

（3）市场环境②

青木昌彦认为："在某个域流行的制度从其他域的参与者的角度看，只要把它们看作参数，超出了自己的控制范围，它们就构成一种制度环境。"③青木昌彦所定义的制度环境是一种宽泛的定义，而非单指我们上面所定义的政治制度、经济制度、法律制度和文化制度四个方面。但根据这一思路市场环境的变化是超出了企业的控制范围

---

① 哈耶克. 法律、立法与自由（第一卷）[M]. 邓正来，张守东，李静冰，译. 中国大百科全书出版社，2000.
② 这里所谈的市场环境主要是指产业内企业在同一个市场中所面对的需求数量、需求性质和供给者数量等因素。
③ 青木昌彦. 比较制度分析 [M]. 周黎安，译. 上海：上海远东出版社，2001：226-228.

的，对于企业来说可以把它们看成一种外生的参数来处理，从而构成企业的外部环境的一个维度。市场环境主要包含两个方面：一是需求方面；二是供给方面。

企业家是通过满足顾客的需求而实现自身的目的的，因此企业面临的需求对于企业家或企业来说其重要性不言而喻。需求对于企业家决策的影响主要体现在两个方面：一是需求的性质；二是需求的数量。需求的性质的变化，体现了需求者偏好的变化。从历史的发展过程来看，消费者需求偏好的变化表现得十分复杂，但总体而言存在两个趋势。一是需求者越来越偏好于个性化的产品和服务，二是需求者越来越关注时效性，强调在短时间内完成交易。作为企业家，发现这种偏好的变化，就能获得利润，反之，可能亏损或被淘汰出局。企业家在满足这种偏好变化的过程中，往往也会涉及企业边界的决策。以物流需求性质变化为例，生产企业对现代物流的需求要求在非常短的时间内完成，而不像以前那样不重视时间。这体现了需求者偏好的变化，而这种变化要求企业在现有的技术条件下，通过纵向一体化的组织模式来组织不同环节的交易，从而缩短不同环节之间交易的时间以满足需求者的需求。需求数量或者说市场容量的变化也会对企业产生影响，当市场容量不断扩大，企业家就会调整企业的组织模式进行规模化的生产，以适应这种环境的变化。例如，纵向一体化组织模式的出现正是在市场容量不断扩大的背景下，企业调整组织模式进行规模化生产。总之，不论是需求性质的变化，还是需求数量的变化都会通过影响交易的属性进而影响到企业家选择通过何种治理结构来组织交易。

供给者数量的变化也会影响企业边界的确定。例如，若产业内企业的数量增加，则企业面临的竞争的加剧。越来越多的企业参与到了市场当中，并展开相对于以往更加激烈的竞争。激烈的竞争将保证那些实现正利润的企业存活下来，而亏损者将消失①。为了生存下来，企业家将更多地尝试组织创新，从而调整企业边界以适应环境的变化。反之，当产业内企业数量减少，竞争不够激烈时，企业进行边界调整的动力将减少。

（4）环境向量的其他维度

环境向量除了包含上述技术、制度和市场环境等维度外，还包含基础设施、自然资源甚至是气候等因素也都是企业的环境向量的维度。他们都成为约束和制约企业的外部环境。但相对于技术、制度和市场环境而言，环境向量的其他维度对产业组织模式变迁的影响程度要小一些，因此这里对于这些其他维度的环境向量不一一研究。

环境向量的各个维度并非完全孤立，它们之间彼此都存在着一定的联系，往往相互加强，相互促进。以制度环境与技术为例，制度的发展往往会促进技术进步，例如对于知识产权保护的制度的完善会鼓励技术创新，使得新的技术得以产生。而技术进步在一定程度上又促进了制度进行变迁。信息技术的发展就使得信息以更低的成本快速传播，让人们更快地认识到现有制度的不足，或者新制度的优势，引发制度变迁。当然，反之，制度环境的恶化也会阻碍技术的发展，或者为市场环境带来比较消极的影响。环境向量的各个维度交织成了一张环境网，当企业家感知到其所处的外部环境发生变化，并且到了一定程度时，企业家就会调整策略，从而引发了产业组织模式的变迁。

4.2 环境变化对客观博弈形式的影响

企业必然处于一定的环境之中，并受环境的约束。环境的变化必

---

① ALCHIAN A A.Uncertainty, evolution, and economic theory [J]. Journal of Political Economy, 1950, 58 (3): 211-221.

然影响企业之间的博弈关系，具体来说环境变化是通过影响企业家的策略空间和企业家的后果函数的参数来影响企业家之间的博弈关系的。但这种影响是对企业之间的客观博弈形式的影响，只有被企业家认知之后才能形成对企业家认知的主观博弈形式的影响。

4.2.1 环境变化对企业家的策略空间的影响

环境向量中的各个维度的变化实际上是协同演进的，技术环境、制度环境和市场环境等维度都是相互影响，相互促进的。环境向量的变化会影响企业家的策略空间。企业家的策略空间由确定企业边界大小的不同策略组成。在某一个确定时间点，一些策略是不可行的，或者说，企业家的策略空间中仅有有限的维度处于开启状态。但随着时间的推移，环境会发生变化，环境的变化会使得企业家的策略空间中的一部分原本处于未开启状态的维度变成了开启状态，或者反之，使得原本开启的状态维度变为不能开启的维度，也就是说环境的变化影响了企业家的策略空间。

（1）技术环境的影响

技术是约束企业行为的重要环境因素。一些企业边界的确定需要以一定的技术作为前提或背景。当这种技术不存在时，这种确定边界的策略是不可行的。而技术创新，这种技术得以产生时，这一边界的确定策略才有可能成为企业家策略空间中的一个开启的维度。因此，技术的变化在一定程度上影响企业关于其边界确定的策略，从而影响企业家的策略空间。

一个典型的例子是在模块化生产网络中企业边界的确定。模块化生产网络本质上是一种中间组织，其产生是企业与市场融合的结果。模块化生产网络可以形象地用公式表达为：模块化生产网络=（｛系统集成商，通用/专用模块供应商｝，｛系统集成商与通用/专用模块供应商之间的关系）①。也就是说模块化生产网络是由系统集成商通过看得见的"设计规则"连接了不同的模块供应商而形成了模块化生产网络。

Sanchez 和 Mahoney（1996）认为，产品设计与组织设计具有一致性，产品的模块化设计是组织模块化的前提。产品设计主要遵循从结构设计—功能设计—生产工序设计—组织结构设计的路径。在对产品模块化若干定义的研究中会发现，如果产品功能的模块化程度越高，产品的设计以及制造技术等导致的组织模块化程度也就越强。可见，组织模块化的前提是产品模块化，而产品模块化来自技术的模块化。美国学者 Schilling 认为，一个系统能否模块化，主要取决于这个系统的可分解性（Separablity）②，而这种可分解性主要取决于技术。国内学者陈向东也把系统的可分解性分为两个方面，首先是系统在物理功能上是可分解的，其次是模块加工技术和知识也是可分解的。

可见技术的可分解性是模块化生产网络产生的前提。正是技术环境的变化，可分解的模块化技术得以产生，才开启了在企业家策略空间中原本并未开启的维度。

（2）制度环境的影响

制度环境也是约束企业行为的重要环境因素。当制度环境发生变化时，也可能产生与技术环境变化相同的影响，使得某些原本并不可行的策略变得可行，或者可行的策略变得不可行。

以美国为例，20 世纪美国开始严厉实施《谢尔曼反托拉斯法》，并于 1914 年通过了《联邦贸易委员会法》和《克莱顿法》，旨在禁止通过契约合作的方式维持市场势力。这阻碍了一些大型

---

① 柯颖. 模块化生产网络：一种新产业组织形态研究［M］. 北京：经济科学出版社，2009：63.
② SCHILLING M.A.Towards a general modular system theory and its application to inter-firm product modularity［J］. The Academy of Management Review，2000，25（2）：312-334.

公司进一步扩大其企业边界。正是由于相关法律的颁布和实施改变了制度环境，影响了企业的策略空间，使得原本可行的策略变得不再可行。

（3）市场环境的影响

市场环境主要是通过改变市场的规模、需求者的偏好来影响企业的策略空间。市场容量的扩大将细化交易分工，从而影响企业家关于企业边界确定的策略。亚当·斯密在其著作《国富论》也关注到了这一点。亚当·斯密注意到了的分工和专业化的高效率。他以大头针的生产举例说明了分工带来的巨大好处："如果他们各自独立工作，不专习一种特殊业务，那么他们不论是谁……不但不能制出今日由适当分工合作而制成的数量的二百四十分之一，就连这数量的四千八百分之一，恐怕也制造不出来"[①]。同时亚当·斯密也注意到了分工与市场规模的关系，他说"劳动分工受到市场规模的限制"[②]。而分工正体现的是人与人之间的关系，正是因为分工产生了交易。而分工受到市场规模的限制，因此交易就要受到市场规模的影响。市场规模的变化会引发交易的细化，使得原本不可分的交易变为可分，从而影响企业确定其边界的策略。

需求者的偏好也会在一定程度上影响企业家的策略空间。例如一种产品原本直接进入消费市场，被需求者直接消费掉了。当消费者的偏好发生变化，不再把它作为直接消费的对象，而是作为一种中间产品，用来生产其他产品时，企业的边界就可能会发生扩大，增加一项交易以满足需求者需求的改变。

---

① 斯密. 国民财富的性质和原因的研究（上）[M]. 郭大力，王亚南，译. 北京：商务印书馆，1972，12：6-7.
② 斯密. 国民财富的性质和原因的研究（上）[M]. 郭大力，王亚南，译. 北京：商务印书馆，1972，12：16.

4.2.2　环境变化对企业家的后果函数的参数的影响

　　环境变化对于企业家后果函数的参数的影响主要表现在环境改变了交易的属性。根据康芒斯（Commons）的观点，交易是"发生在人与人之间的关系"[①]，因此交易必然处于一定环境之中。环境的变化，必然在一定程度上改变这种人与人之间的关系。根据威廉姆森对交易属性进行的刻画，当这种"人与人之间的关系"被改变时，表现出来的就是交易属性的三个维度的变化。不同属性的交易需要不同的治理结构与之匹配。当环境改变交易属性时，就需要有新的治理结构与之匹配。因此相同的策略在环境变化之后带来的收益并不相同，即博弈参与者的后果函数的参数发生了变化。

　　（1）技术环境变化对交易属性的影响

　　虽然威廉姆森认为"技术决定论的前提是不存在的。促使人们做出一体化决策的原因并不是技术，而是实行垂直一体化才能节约交易成本"[②]，但资产专用性是在技术发展到一定的水平之后才出现的。资产或设备的功能受技术的约束和影响。因此技术的变化影响了资产或设备的功能，或在不同情况下的可用性，因此技术的创新和变革必然在一定程度上影响资产的专用性。

　　技术的发展对于资产专用性的影响主要通过两个途径。首先是对资产自身的影响。技术影响了资产或设备本自身的构成。当其改作其他用途时而产生的沉没成本受到资产的构成的影响。如果采用新的技术使得原本不能另作他用的设备被拆卸后，大部分可另作他用，则该设备的资产专用性是因为技术的原因而降低了。其次技术影响了资产或设备与其他资产或设备的兼容性。当技术创新使得资产或者设备具

---

　　①　康芒斯. 制度经济学［M］. 于树生，译. 北京：商务印书馆，2006：10-11.
　　②　威廉姆森. 资本主义经济制度［M］. 段毅才，王伟，译. 北京：商务印书馆，2002，6：122.

有更高的兼容性，即改作他用的可能性更大时，资产或设备的专用性的程度实际上降低了。可见技术创新与资产专用性可能存在联系，技术创新可能会使得资产专用性的程度降低。以模块化技术为例，由于模块化技术的产生，使得模块之间的有很强的可替代性。在这种情况下，模块化集群可以降低资产专用性和锁定程度，从而化解产业集群的内生性风险。①

技术创新在一定范围②内影响交易的不确定性。一般来说，技术的创新将减少交易的不确定性。一方面技术创新使得生产和运营的过程更具稳定性。另一方面技术创新，尤其是信息技术的发展，加强了信息的交流，减少了信息不对称，因此技术创新在一定程度上减少了交易的不确定性。

技术的发展也影响交易的频率。技术对于交易频率的影响主要是通过减少交易过程中的不确定性来影响交易的频率的。当交易中的不确定性减少时，原本因为不确定性而进行的一次大额交易，会被分成若干次进行。根据威廉姆森对于交易频率的分类③，技术的变化即使改变交易频率，也很难将经常性的交易变成数次交易。因此技术变化对交易频率的影响一般不会影响企业边界的调整。

（2）制度环境变化的影响

被称为基础性制度安排的制度环境通常从政治、经济、法律和文化四个方面对交易产生影响。制度环境的变化可能对交易中的资产专用性产生影响。例如推动标准化的相关法律和法规，在一定程度上使得设备在产生的过程或用设备进行生产的过程符合法律规定的标准，这使得设备更加通用，减少了交易过程中的资产专用性。在集装箱运

① 朱瑞博. 模块化抗产业集群内生性风险的机理分析［J］. 中国工业经济，2004（5）：54-60.
② 在更大的范围内，技术的创新也可能带来不确定性，例如信息技术的发展，使得现实世界充满了没有用的信息，增大了人们对于信息选择的难度。
③ 威廉姆森将交易频率分为一次、数次和经常性。

输的发展过程中，正是因为国际标准化组织（International Organization for Standardization，ISO）的相关标准的推行和各国立法的规定才使得集装箱成为一种标准化的运输设备，而且与集装箱配套各种装卸设备也成为一种标准化的设备，在这种情况下大大降低了集装箱运输过程中的相关交易的资产专用性。

交易总是处于一定的制度环境之中，并受到相关制度的约束。制度环境在一定程度上影响了交易的不确定性的大小。一般而言在完善的制度环境中，交易的不确定性相对于在不完善的制度环境中交易不确定性要小。阿维纳什·迪克西特（Avinash K.Dixit）通过构建一个博弈模型证明了，一个不完善的国家体制会给参与者提供更诱人的外部机会，增强了参与者不再遵守规范的动机从而使得关系型社会的结果变得更坏[①]。钱颖一认为："现代经济作为一种有效运作的体制的条件是法治，而法治是通过两个经济作用来为市场经济提供制度保障的。法治的第一个作用是约束政府，约束的是政府对经济活动的任意干预。法治的第二个作用是约束经济人行为，其中包括产权界定和保护，合同和法律的执行，公平的裁判，维护市场竞争。"[②]试想如果作为影响企业经营的环境因素的法律制度不完善，政府任意干预企业的经营，或者参与交易的经济人因为政府在法律执行，公平裁判方面的不作为而进行欺诈、蒙骗等不诚信的行为，交易的不确定性自然增加。反之，不确定性将会降低。

（3）市场环境变化对交易属性的影响

市场环境也是处于不断的变化之中。需求的性质、需求的数量和供给者的数量都会影响交易的属性。

需求的性质的变化主要是因为需求者偏好发生变化。需求者的偏

---

① 迪克西特. 法律缺失与经济学：可供选择的经济治理方式 [M]. 郑江淮，李艳东，张杭辉，等译. 北京：中国人民大学出版社，2007：35—43.
② 钱颖一. 市场与法治 [J]. 经济社会体制比较，2000：1—11.

好随着时间的推进是会发生变化的。而这种变化影响了需求者需求的性质，企业家作为机会的发现者，只有能够发现需求者的需求的变化，才能够获得利润。需求这种性质的变化将影响交易的属性，而交易属性的变化将要求企业家对企业边界或是治理结构做出相应的调整，以适应这种交易属性的变化，从而降低交易成本。以需求的时效性为例，今天在经济生活中需求者对于产品的需求的时间性与100年前的需求者对于产品的需求的时间性发生了很大的变化，今天的人们希望在更短的时间内得到产品，而不是对时间没有要求。这种在更短时间内获得产品的需求，要求不同交易之间的衔接得要更好，从而节省从原材料到产成品的时间。交易时间的缩短将增加交易的不确定性。另一方面需求者对产品个性化的追求会导致不同资产的投入，从而增加交易中的资产专用性。

随着人口数量和收入的变化，需求的数量也会发生变化。需求数量的变化也会影响资产专用性。诺思认为"技术进步的发生既源于市场规模的扩大，又源于技术发明者能够获取他们发明收益的较大份额。"[①]当市场规模变足够大时，一些专用型设备的投资就有可能变得可行。专用型资本的投入能在规模较大的市场中获得较高的回报，而在规模较小的市场中，这种投资很难获得较高的回报。

市场上供给企业数量的变化也将在一定程度上引发资产专用性的变化。资产专用性的产生源于资产改用于最佳其他用途或由其他人使用时，将产生沉没成本，这主要是由于资产的特定用途，不适用于其他用途，而又很难找到按照相同用途来使用该项资产的其他人。但在市场参与者变多之后，找到其他市场参与者按照相同的用途来使用该项资产的其他人的概率大大增加了，因为市场上有更多的参与者。另

---

① 诺思. 经济史中的结构与变迁 [M]. 陈郁，罗华平，等译. 上海：上海三联书店，1991：186.

外市场供给者数量的变化也会影响到交易的不确定性。当供给者数量增加时，企业之间的竞争会变得更加激烈。这将使得需求者更容易找到供给的替代者，从而降低在交易过程中因为机会主义行为而产生的不确定性。

除了上述技术、制度环境、市场环境等环境向量的维度的变化会影响交易的属性之外，环境向量中的其他维度的变化也会影响交易的属性。以基础设施的变化为例，如果基础设施完善，就会降低交易过程中的不确定性。再如自然资源的可得性增加，也会降低交易过程中的不确定性。因此环境向量中的其他维度的变化也可能会对交易的属性产生影响，如图4-1所示。

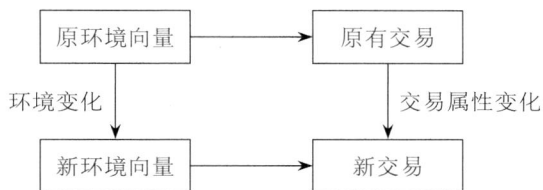

图4-1　环境变化引致的交易属性变化

根据上述分析，当环境变化引发交易属性发生变化之后，企业内部所组织的交易已经并非以前的交易。这种"人与人"之间的关系发生了改变，新的治理结构与之相匹配可能会更具优势，或者说原本不具有比较优势的治理结构变成了优势的治理结构。可见相同的策略带来的收益发生了改变。而导致这一结果的原因就在于环境的变化改变了企业家的后果函数的相关参数。

例如，在环境变化之前，属于高度资产专用性的经常性交易是通过纵向一体治理模式进行组织的。而环境变化之后，如果环境改变了交易的属性，使其变为混合型资产专用性的经常性交易，那么企业缩小其边界，在不同企业家之间形成一个模糊地带，共同来组织相关交易就变得更具优势。此时，仍然采用纵向一体化组织模式，产生的交易成本，必然高于新策略下的交易成本。

环境的变化，引发企业家的客观博弈形式发生变化。只有这种客观变化被企业家所认知，才能改变企业家的主观博弈模型。更本质地说，只有企业家认知了环境的变化带来的影响，才能引发产业组织模式的变迁。

4.3 企业家对于环境变化的发现与产业组织模式变迁

环境的变化可能会影响交易属性的变化，但只有这种变化被企业家发现，企业家才有可能进行策略调整，从而引发博弈均衡的改变。当所有的企业家都没有认知到环境变化带来的交易属性的变化时，所有的博弈参与者都不会改变原有的策略，原有的博弈均衡也就不会被打破，会继续得到维持。因此，企业家所具有的发现机会和创新的能力在产业组织模式变迁的过程中是至关重要的。产业内一些企业家率先发现环境的变化，认识到由于环境变化引致的交易属性的变化带来的后果函数参数的变化。同时，企业家也会发现环境的变化影响了他们自身的策略集合，可能使得某种原本不可行的策略变得可行。他们这种发现实际上是一种创新机会的发现。可以通过对自身企业边界的改变，创造盈利的机会。当然这种组织模式的创新很快会被其竞争对手发现，并模仿，最终使得某一种企业组织模式成为主导的产业组织模式。

4.3.1 企业家的发现过程

企业家精神的本质是由发现或觉察机会来实现某个目的，去获得利益或利润，以及采取行动来利用环境中产生的这些机会。科兹纳认为，企业家才能的发挥，是与一种特殊的警觉联系在一起的，也就是一种能使一个人发现和把握他周围发生的事情的创新警惕性①。可见，企业家精神是与发现机会，并通过创新来实现发现的机会联系在一起的。

机会的发现往往与环境的变化相联系，正是环境的变化使得经济组织与环境的适应出现了问题。哈耶克认为一切经济组织的核心问题都是适应的问题②。如果在环境不发生变化的情况下，经过较长的时间，机会会被逐渐被挖掘出来，而未被发现的机会相对变少，甚至不存在了，适应的问题也将被解决。但是环境的变化却会不断创造出新的机会，正是因为环境的变化，新机会才得以不断产生，并逐渐被企业家所发现。科兹纳认为企业家角色是"对未来机敏"，所以他认为企业家对未来的预测更接近真实的未来。"他反对企业家无中生有的说法，而认为企业家的创造是通过发现那些早已存在的机会把真正的创新带入系统中。"③也就说机会由环境变化而产生，先于企业家的发现而存在，并非企业创造了机会，而是发现了机会。

机会的把握是一个认知和发现的过程。通过上一节的分析，可以得出结论，环境的变化改变了交易的属性。但如果环境变化改变了交易的属性，但这种变化并未被企业家发现，原有的博弈均衡是不会改变的，仍然会得到维持。因为交易成本作为一种主观认知的机会成本，它本身并未发生，所以只有被企业家预期到了之后，博弈的均衡才有可能被打破。因此企业家的发现和创新的能力显得尤为重要。而正是企业家认知到了环境的变化改变了交易的属性，基于节省交易成本的目的，才会调整其策略，对于企业的边界进行了调整。可见，环境的变化为企业提供了发现机会的条件，而正是企业家认知环境的变化，才能对组织模式进行创新。

① KIRZNER I M. Competition and entrepreneurship [M]. Chicago: University of Chicago Press, 1978: 65.
② 项后军. 奥地利学派企业理论研究 [M]. 成都: 四川出版社, 2008.
③ 沃恩. 奥地利学派经济学在美国: 一个传统的迁入 [M]. 朱全红, 译. 杭州: 浙江大学出版社, 2008.

4.3.2 企业家的策略调整与新的产业组织模式的产生

环境的变化引发了客观博弈形式的变化，当企业家发现了这种变化时，他所认知的主观博弈形式就不再是以前的主观博弈形式，而是形成了一个新的主观博弈形式。这种发现是一种机会的发现，它意味着通过调整企业边界进行创新的可能，也意味着利润的产生，否则，企业家也不会调整其策略。只有在企业家基于自己对博弈形式的主观认知，认为一个策略是可行的，并能够带来更多收益时，他才会调整策略，将其策略从 s_i 调整至 s_i'。企业边界的调整必然直接和间接涉及产业内其他企业的收益。一方面这种调整将影响到另一些企业的交易成本，另一方面这种调整也改变了其他企业的竞争优势。在一些情况下，由于这种策略的实施不仅涉及自己策略的改变，还涉及其他企业策略的调整，在其他企业不进行策略调整的时候，即使一个企业家认为一个策略可能为自己带来更大的收益，但该策略仍然难以实现。以模块化生产网络为例，当只一个企业意识到了模块化能带来更大的收益时，模块化生产网络是不会形成的，只有所有企业都进行模块化，并通过"设计规则"协调不同模块才能产生模块化生产网络，才能让网络成员获得更大的收益。企业家基于博弈形式的新认知而调整其策略形成新产业组织模式的过程可以通过图4-2表示。

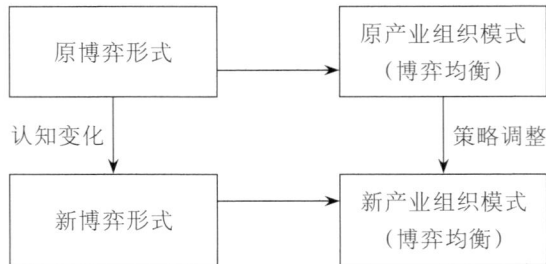

图4-2　博弈形式认知的变化引发的博弈均衡的改变

企业对于自身企业边界的调整本质上是一种试验。因为，企业家的有限理性，他不可能对客观世界有完整的认知，而是基于其主观认知的交易成本的一种尝试。哈耶克认为一些试验可能是完全无法预测的"对于未知探索的航行"[①]。在这种"试验"过程中，行为人对未来知道一些，但绝不是全部，并且在行动中不知道他们不知道的，但无知可以通过自发的发现而检查，在行为中通过自发发现的手段进行试验。[②]一旦这种试验取得成功，即 $s_i^* = \arg \max u_i$（Φ_i（s_i，I_i（s_i'，s_{-i}^*）：$\sum^*$，e），它便成为一种创新，在这里表现为组织模式的创新。

当那些敏锐的企业家进行试验并取得成功，他们会获得相对以往更多的利润，从而使自己处于竞争过程中的优势地位。这种利润的获得是一种对他们发现机会并进行创新的回报。当敏锐的企业家采取新的组织策略进行尝试的时候，原有的主观博弈的均衡实际上已经被打破，那些仍旧采取原有策略 s_i 的企业家，会发现仍采取原有策略带来的结果 u_i（Φ_i（s_i，I_i（s_i，s_{-i}^*）：$\sum^*$，e）与他们的预期并不一致，而是发生了变化。此时无论他们是否意识到环境的变化和自身策略空间的变化，他们都会调整其信念 $\sum^*$，或者说调整对于产业组织模式的预期，尝试采用新的策略。在其他企业尝试新策略的过程中，可能采取的策略是模仿那些已经被证明了是成功的策略 s_i'。企业之间竞争的过程，也是信息传递的过程。竞争优势的确立正是传递了一种成功组织模式的信息。那些具有竞争优势的企业的组织模式必然作为一种成功的要素被与其竞争的其他企业模仿。例如当一个企业采取纵向一体化策略成功之后，产业内其他企业纷纷模仿，产生了纵向一体化主导的产业组织模式。当然，企业也可能是基于自身对于博弈形式的认

---

① 哈耶克. 个人主义与经济秩序［M］. 邓正来，译. 北京：北京经济学院出版社，1989：76.
② 项后军. 奥地利学派企业理论研究［M］. 成都：四川出版社，2008：126-127.

知，采取其他策略，从而形成了产业内的合作与分工。模块化生产网络的生产就是一个例证。

此时，原有的主观博弈已经发生了变化，因为博弈参与者对于博弈形式的认知都发生了变化。而原有的均衡 $\sum^*$ 已经被打破，直到博弈的参与者尝试的新策略带来的收益符合了他们的预期，新的博弈均衡 $\sum^{*'}$ 得以产生，即新的产业组织模式得以产生，因此产业组织模式变迁的过程是从一个博弈均衡移动到另一个博弈均衡的过程。

一般而言，当产业内的企业家普遍基于自身的主观认知，认为交易属性中的资产专用性较低时，与之匹配的是体现古典契约关系的市场规制结构。形成的产业组织模式就是以"单体企业"为主的产业组织模式。当资产专用性和不确定性较高时，与之匹配的是统一规制结构（企业），此时形成的产业组织模式就是以"纵向一体化"为主导的产业组织模式。介于资产专用性和不确定性这两种情况之间的是被其称之为"三方规制"和"双边规制"的中间组织形态，形成的产业组织模式表现为一种网络组织，较为常见的是模块化生产网络。

由于作为博弈参与者的企业家对于环境的认知是基于主观的，对环境变化引起的交易属性的变化的认知必然也是基于主观的，不同企业家的认知必然存在差异。这导致了企业家在选择不同治理模式组织交易的过程中，表现出了差异，因而在现实世界中，同一产业内的企业边界出现多样性。

在外部环境变化引发的产业组织模式变迁的过程中，机敏的企业家率先发现环境变化中的机会，并进行策略调整。其他企业家随之模仿被证明取得成功的策略，或者根据已经调整边界企业的策略制定自己的策略。在这个过程中，企业家发现机会的能力决定了产业组织模式变迁的进程。当企业家对于环境变化不够敏感，存在调整策略的惰性时，产业组织模式变迁进程就慢，或者说会在一个组织模式上维持较长的时间。当企业家能够对于环境变化快速进行反应时，产业组织模式的变迁进程较快，从而会加速产业组织模式从低级到高级的变迁。上述分析并未涉及在网络组织模式形成的过程中不同企业之间的分工是如何确定的。这是因为在上述分析中并未考虑企业在博弈过程的知识的积累，以及由此而引发的企业的能力的差异。由知识积累而引发的产业组织模式的变迁将在下一章单独进行分析。

4.4　本章小结

环境的变化将改变产业内企业与企业之间的博弈形式。具体来说，一方面企业家的策略空间被改变，使得原本不可行的策略变得可行。或者反之，使得原本可行的策略变得不可行。另一方面，环境变化改变交易的属性，不同属性的交易需要不同治理结构与之匹配，因此环境的变化改变了产业内企业家的后果函数的参数。后果函数参数的改变使得相同的策略，在环境变化的前后，收益变得不同，或者说交易成本的节省不同。当企业家认知到自身的策略集合和后果函数的参数发生变化并达到一定阀值时，他所认知的主观博弈模型就发生了改变。基于自己新的主观认知，企业家会尝试新的策略。这种尝试使得原有的博弈均衡就会被打破，这时其他企业家会模仿这一策略或是尝试新策略，当所有企业的尝试符合了他们各自的预期时，新的博弈均衡得以形成，即产业组织模式发生了变迁。

第 5 章

博弈企业知识的内生性积累与产业组织模式变迁

产业组织模式作为主观博弈的均衡，既受到企业博弈的外部环境变化的影响，又受到内生性因素积累的影响。上一章分析了外部环境变化对于博弈参与者认知的博弈形式的影响。环境变化将改变交易的属性，从而影响博弈参与者的后果函数的参数。但即使在给定的交易属性下，交易双方知识积累的变化仍会影响博弈参与者的后果函数的参数。本章不考虑外部环境的变化，在给定的环境下，研究内生性因素积累的对产业组织模式变迁的影响。知识的积累既发生在企业家的头脑之中，又发生在企业雇员的头脑之中。知识的积累带来的知识存量的改变将会影响企业家认知的博弈形式，包括策略空间和后果函数的参数。这将引发认知危机，促使企业家调整其策略。这将使得博弈均衡发生改变，或者说产业组织模式发生了变迁，从一个博弈均衡移动到了另一个博弈均衡。本章的具体内容安排如下：

第一节介绍了知识的分类，并基于奥地利学派的视角分析了知识的性质。第二节阐释了分散的知识与权威的兼容性，并讨论在知识的分散情况下如何确定企业的边界。第三节分析知识的内生性积累。知识积累在不同的人的头脑之中进行，可以是企业家，也可以是企业的雇员。知识积累的形式可以是纵向上的积累，也可以是横向上的积累。第四节研究不同知识积累情况下的产业组织模式的变迁。最后是总结。

5.1　知识分类及其性质

哈耶克于1937年在《经济学与知识》一文中就开始关注知识问题，并基于奥地利学派的主观主义传统，提出了主观知识。由此，知识成为奥地利学派经济理论的核心概念，并不断得到继承和发展。但由于知识不容易量化和模型化，知识在20世纪90年代以前并未引起很多经济学界知名学者的重视，但其却在管理学界掀起研究热潮，甚至出现"知识管理"的新科目[1]。有"现代管理之父"桂冠的彼得·德鲁克（Peter Drucker）在20世纪60年代就预言："知识将取代资本、机器、原料与劳动力等经济中最重要的生产要素。"他指出："在现代经济中，知识正成为真正的资本和首要的财富。"[2]经济发展的事实也印证了彼得·德鲁克的预言，知识已经成为了企业在竞争过程中取得竞争优势的最关键的因素。

尽管目前知识已经引起人们的重视，但人们对于知识的理解仍然存在分歧，这里有必要就知识的分类，以及它具有何种性质做出说明。

5.1.1 知识的分类

不同的学者对于知识有不同的理解，给出了不同的定义。根据研究的需要，这里给出《韦伯斯特词典》按照研究对象对知识进行的定义。《韦伯斯特词典》将知识定义为"通过实践、研究、联系或调查获得的关于事物的事实和状态的认识，是对科学、艺术或技术的理解，是人类获得的关于真理和原理的认识的总和。"这里所定义的知识包含两类，一类是来源于社会实践活动的实践的知识，或称隐性知识（tacit knowledge）。另一类是来源数据和信息的知识，或者称为科学的知识，又称显性知识（explicit knowledge）。

具体而言，显性知识是指那些可以用系统化和规范化的语言对其进行表达和传播的知识。隐性知识是指高度个性化且难于格式化的知识，或者说只能意会不能言传的知识。通常主观的理解、直觉和预感等都属于隐性知识。波兰尼认为，人类的大部分知识都是以默会的方

---

[1] 黄春兴. 奥地利学派经济理论的一个学习架构 [J]. 南大商学评论，2007，12（1）：154-176.

[2] 柯平. 知识管理学 [M]. 北京：科学出版社，2007.

式存在的①，即都属于隐性知识，因为人们知道的比他们能讲出来的要多得多②。

隐性知识与显性知识存在很大差别，比较显著的差别有几个方面，首先隐性知识以分散的形式存在于不同的人的头脑之中，彼此存在很大差别，而显性知识是集中少数人的头脑之中，彼此认知相同；其次隐性知识是隐含的，不容易编码，因此在不同人之间传递这类知识较为困难，而显性知识是可编码的，或者说可言说的，在不同人之间的传递较为容易。赫苏斯·韦尔塔·德索托在《奥地利学派：市场秩序与企业家创造性》一书中对于不同学者关于两类知识的区分进行了总结，见表5-1。

表5-1   两种不同类型的知识

学者	类型A	类型B
奥克肖特	实践的（传统的）	科学的（或技术的）
哈耶克	分散的	集中的
波兰尼	隐含的	可言说的
米塞斯	关于"唯一事件的"	关于"类现象"的

资料来源：德索托. 奥地利学派：市场秩序与企业家创造性［M］. 杭州：浙江大学出版社，2010：22.

这里的A类知识就是奥地利学派所指的隐性知识，或称实践的知识，B类知识是显性知识，或称科学知识。A类知识与B类知识并非界限分明，而是可以相互联系的。所有的B类知识，即科学知识都是建立在A类的那种隐含的，不可言说的知识基础之上的。波兰尼甚至宣称隐性知识实际上是所有知识的支配原则。即使是最形式化与科学化的知识也无一例外起源于某种直觉或创造行为，而直觉和创造行为

① POLANYI M.The tacit dimension［M］. London：Routlege and Kegan Paul，1966.
② 郁义鸿. 知识管理与组织创新［M］. 上海：复旦大学出版社，2001：38.

便是隐性知识的体现。另外科学和技术的进步（类型B）都会立刻导致新的、更富有成效的更强的实践知识。野中郁次郎认为，企业组织的知识可以通过隐性知识和显性知识的交互而创造，并依据交互的四种模式提出了著名的SECI模型，如图5-1所示。

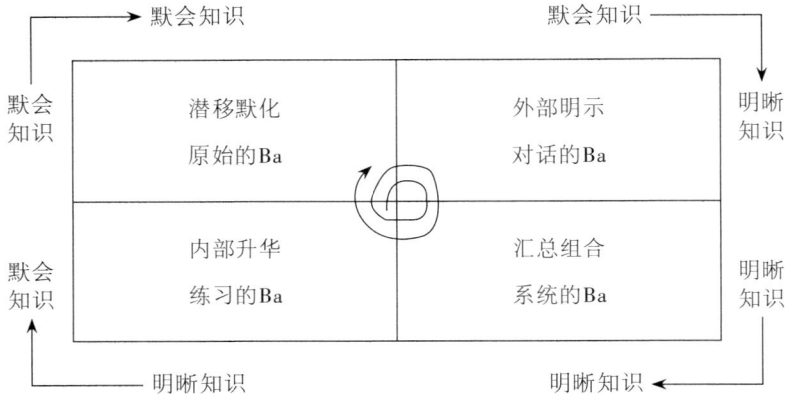

默会知识 　默会知识

| 默会知识 | 潜移默化
原始的Ba | 外部明示
对话的Ba | 明晰知识 |
| 默会知识 | 内部升华
练习的Ba | 汇总组合
系统的Ba | 明晰知识 |

明晰知识 　明晰知识

图5-1　SECI模型

资料来源：野中郁次郎. 论知识创造的动态过程［A］// 霍尔特休斯. 知识优势——新经济时代市场制胜之道. 北京：机械工业出版社，2003：70.

在该模型中，第一阶段是潜移默化阶段，表现为不同人之间通过观察、模仿或是实践等形式学习意会知识，是一种根据他人的意会知识形成自己的意会知识的过程。第二阶段是意会知识被显性化的阶段，即意会知识转化成了显性知识，能够被编码并清晰地表达出来。第三阶段是不同的显性知识被融汇组合的一个过程，从而提炼出新的显性知识。第四阶段新的显性知识进一步被个人升华成为新的隐性知识。

可见，在隐性知识转化显性知识后，必然进一步加速新的隐性知识的积累。因此隐性知识和显性知识交互创造的过程，就是加速隐性知识积累的过程，而隐性知识正是对企业边界变化产生影响的知识。

上一章研究的环境向量中的技术、制度可以看作显性知识。它们可以编码，易于在不同的人之间传递。在前面的分析中这种显性知识被假定为一种外生变量，即它是产业内企业都可以共享的，每个企业都可以利用的知识，而非指个别企业所具有的，其他企业不具有的显性知识。在本章的研究中，我们主要研究隐性知识对产业组织模式变迁的影响。因此下文所指的知识，实际上是指隐性知识。

5.1.2 知识的性质

本章的研究是企业之间博弈的内生性积累，即内生于博弈过程之中的知识，因此这里所谈的知识，是指哈耶克研究的那种"特定时间、特定地点的知识"，即一种隐性知识，而非泛指各种类型的知识。

在哈耶克的知识理论中，知识具有私人性、经验性、默会性和主观性等特征。奥地利学派正是通过这些关于知识特征的强调，形成了与主流经济理论的静态竞争观念相区别的动态竞争过程理论。

（1）知识的私人性

哈耶克等奥地利学派经济学家根据主观主义、个人主义方法论，认为任何一种知识都是个人对于经济现象的认知与感知，这种认知与感知只能发生在某一个人身上，因此知识是私人的、排他性的。每个行为者拥有其参与活动的一部分知识，换句话说，只有他才有这部分知识，其他人是无法获取完全相同的知识的。也正是因为知识具有私人性，在市场运行的过程中，知识并不是均匀地分布在市场中的每一个人身上的，而是分散的，不均匀的，或者说是相互之间存在差异的。

（2）知识的经验性

哈耶克认为经济主体是在寻求"特定时间地点条件下的知识"，它们是个人在某一时点上对于市场状况的认知，因此知识是经验性的，是通过实践活动逐渐积累而得的。这种知识很难通过学习或模仿完全获得。由于每个市场参与者需要对自己的全部计划所包含的信息进行判断和认知，因此，他所具有的特定时间地点下的经验知识就决定了个人行为的差异。如果在市场的其他参与者不了解的情况下，经验知识便成为可带来利润的信息。

（3）知识的默会性

奥地利学派认为大多数的经济知识具有默会性，即个人可以感知这些知识，但很难清楚地将其表达出来。这种知识是可以意会，但很难言说或表达，个人不可能清楚地将其传递给他人。或者说，它是人们并不完全了解它的含义，或者不能精确地概括出它的性质的知识。人们知其然，不知其所以然。在许多情况下，默会知识以一种个人技能、风俗或行为规则的形式出现。由于知识的这种默会性质，它的发现过程往往是一种时间消费的过程，经济主体对这种知识的认知，是很难通过一般的学习过程来完成的，往往需要较长的时间的感知与领悟。由于许多信息具有这种默会性质，不能够被相互交流，因此即使在均衡的状态下，每个参与者往往也只是知道部分知识，不可能清楚任何一件事情。

（4）主观知识

哈耶克基于奥地利学派的主观主义传统，认为知识是主观知识，即具有主观性。因为知识是个人在"特定时间地点条件下"基于自己的主观认知获得的全部信息，这种信息来自个人对于环境的感知和认知，具有完全的主观性，所以，不同的个人对它的理解和认知会存在差异。当然，奥地利学派认为知识具有主观性，并不否认客观的科学知识的存在。

5.2　知识分布与企业边界

根据哈耶克的观点，知识是以分散的形式存在的，哈耶克由此强调权力的分散。但不管何种治理结构，利用知识都是有成本的。在一定程度之内，企业相对于市场而言更具利用知识的优势，因此企业得以产生，而企业的边界正是基于自身利用知识的优势的大小而确定。

5.2.1　知识的分布

奥地利学派认为知识是以分散的形式存在的，哈耶克（Friedrich Hayek）认为"我们必须使用的关于环境的知识从来就不是以一体化的或一种集中的形式存在的，而是以由不同人拥有的、完全不同的、分散分布的，并且常常是相互矛盾的知识形式存在的"。①哈耶克这里所指的知识实际上就是特定时间特定点的知识，而非科学知识。由于这种知识来源于个人对环境的认知与经验，因此它只能被那些对环境熟悉的人才能掌握，也因此不同的知识被分散在不同的头脑之中。哈耶克正是基于知识的分散的存在形式，指出分散的知识绝对不可能被集中到一个人或者一个机构那里。也正是因为如此，哈耶克对社会主义经济计划进行了批判，"如果这种分散的知识要在中央管制的经济中得到运用，那么中央权力机构所指定的每一项计划都必须把所有这些分散的知识考虑进去。那种认为所有这种知识都可以自动地为中央权力机构所掌握的假定，在我看来根本就不得要领"。②哈耶克根据知识是分散存在的，得出了知识在社会中的分工需要权力分散化的

---

①　HAYEK F A.The use of knowledge in society［J］．The American Economic Review，1945（35）：519–530．

②　哈耶克．个人主义与经济秩序［M］．邓正来，译．上海：上海三联书店，2003：291．

结论，认为最终的决策必须由那些对环境熟悉，掌握相应知识的人做出，只有这样才能构建"一个合理的经济秩序"。

5.2.2 分散的知识与权威的兼容性

哈耶克对知识分散的存在形式的认知，及其知识的分工需要权力分散化的见解对知识分工如何影响组织结构有着重要的意义。但哈耶克的观点只注意到了知识分散对于构建合理经济秩序的好处，过于注重专门知识的转移难度，沿着这一思路走下去，便可得出经济完全最小化的结论，在这种情况下，企业就不存在了。[①]于是科斯的问题将再度被提出，"既然市场是万能的，那么企业为什么会出现？"[②]

实际上，隐性知识由于其私人性、意会性，转移确实比较困难，但并非完全不可能，而且在不同的治理模式之下，这种隐性知识的转移成本是不一样的。福斯等人认为企业存在的原因就在于企业相比市场来说，能更好地发现和利用以及协调意会知识，企业利用意会知识的限度决定了企业边界的大小。[③]兰格罗易斯认为，企业和市场都是惯例化的行为规则系统，其存在的目的都是在面对不确定性变化的经济环境时更有效地利用知识。尽管企业和市场面临的知识条件有所不同，但企业的存在也不仅仅是为了集中控制知识，而是像市场一样利用分散知识。[④]从学者们的观点中我们可以看出不论企业如何利用知识，集中控制或分散的，企业在某些环境下相对于市场更有利用知识的优势，因此企业得以产生。企业利用知识的优势可以用阿尔钦（Armen A Alchian）和德姆塞茨（Harold Demsetz）团队生产理论（Team Production Theory）来解释。阿尔钦和德姆塞茨认为"团队生

---

① 项后军. 奥地利学派：企业理论研究 [M]. 成都：四川出版社，2008：90-91.
② COASE R H.The nature of the firm [J]. Economica，1993，4：386-405.
③ 项后军. 奥地利学派：企业理论研究 [M]. 成都：四川出版社，2008：85.
④ 谢志刚. 奥地利学派的制度分析方法 [J]. 云南财经大学学报，2011，27（2）：12-22.

产 Z 至少包括两种投入 X_i 和 X_j，$\partial^2 Z/\partial x_i \partial x_j \neq 0$，如果团队生产所获得的产出大于 Z 的分生产之和加上组织约束生产成员的成本，就会使用团队生产"。将该理论用在企业家对于知识的协调上，当企业家利用不同知识的产出扣除相应的协调监督成本仍大于分别生产的产出之和时，企业得以产生。知识的团队生产之所以能产生更大的产出，不是因为团队生产的不可分性，而是因为知识总是以"矛盾"的形式存在的，自发的知识协调可能陷入囚徒困境，只有通过企业家的权威对于分散的知识的协调，才可能走出知识博弈的囚徒困境。企业家对于知识的协调实际上是制定了新的关于知识博弈的规则，从而激发知识的所有者，以期获得到更大的产出。

　　企业家作为企业内不同知识的协调者，或者说交易的协调者不需要掌握所有的知识。一个人单凭占有知识不足以成为一位企业家。尽管雇主雇佣有知识的专家，企业家仍旧是雇主，而不是专家。雇主可以缺少雇来的专家所拥有的知识。但雇主仍然比普通人更"见多识广"——他知道在哪里获得知识，如何有效地利用知识。[1]企业家只需要通过掌握或认知一些交叉的知识（不同的分散知识之间的交叉）就可以维持权威的作用。[2]这种交叉知识的掌握实际上是企业家对于不同知识所有者选择更具优势[3]的途径利用自身所具有的知识的一种把握。只有在企业家知道知识的更具优势的利用途径的时候，他的协调才可能产生收益，否则他的干预往往是徒劳无益，或者带来更坏的结果。但这种交叉知识并不要求企业家掌握他所要协调的不同知识的全部。由于知识的私人性、意会性和主观性等特点，这实际上也是不可能的。但正如我们大多数人并非管子工，可能也并不知道管子工如

---

①　科兹纳. 均衡与市场过程［A］//科兹纳，罗斯巴德. 现代奥地利学派经济学的基础. 杭州：浙江大学出版社，2008：105-113.
②　科兹纳. 均衡与市场过程［A］//科兹纳，罗斯巴德. 现代奥地利学派经济学的基础. 杭州：浙江大学出版社，2008：111.
③　相对于分散利用而言.

何进行具体的操作行动，或者我们怎么样才能准确地对管子工行动的或有费用事件来做出反应。但我们仍然可以通过我们对管子工的判断（对其工作绩效的度量，只需要对管子工全部活动知识与其他知识的"交叉知识"）来雇佣管子工。①

不论企业还是市场利用知识都是有成本的。因为这里知识是基于主观认知的意会知识，不同的知识常以"矛盾的形式存在"，因此在不同的知识之间的协调是会"摩擦"产生成本的。而知识总是隶属于个人，知识与知识之间的关系实际上就是人与人之间的关系，知识总是以人为载体。因此一种知识与另一种知识之间的协调，实际上就是交易成本理论中的"交易"。因此利用知识的成本，或者说知识之间摩擦产生的成本实际上正是交易成本。这种交易成本是一种基于主观的机会成本，是企业家采取另一策略带来的最大产出。既然利用知识的成本是交易成本，那么企业何以产生的问题，科斯在1937年的经典论文《企业的性质》中已经回答了。企业相对于市场组织交易的过程中有节省交易成本的优势，因此企业得以出现。企业的出现说明权威和分散的知识并不矛盾，可以兼容。

不同知识之间的协调，形成一个知识交易。对于同一个知识交易而言，不同治理结构需要企业家掌握的交叉知识的程度不同。一般而言，企业的治理需要企业家掌握的交叉知识最多，其次是中间组织，而市场治理需要的交叉知识最少。

5.2.3 知识分布影响下的企业边界

如果通过企业组织可以消除某些成本，"为什么还会有市场交易呢？为什么不在一个大企业内进行所有的生产活动？"②这是科斯提

---

① 威廉姆森. 交易费用经济学：契约关系的规制［A］//陈郁. 企业制度与市场制度——交易费用经济学文选. 上海：上海三联书店，上海人民出版社，1996：48.
② COASE R H.The nature of the firm［J］. Economica，1993（4）：386-405.

出的另一个问题，也就是企业的边界的问题。科斯认为企业边界应该被确定在这样一点，"有一点必须被达到，那就是说，在企业内增加一项交易的组织成本等于在公开市场上进行这项交易的成本或等于另一个企业主组织这项交易的成本"①，也就是说企业利用知识也是有成本的。实际上科斯并未回答，为什么随着企业内组织交易数量的增加，企业家在企业内组织交易的成本最终会等于或者高于市场组织该项交易的交易成本。这主要是因为企业家不可能是一个万能的人，不能掌握所有的知识，因此也就不可能有能力协调所有的不同知识，当协调的不同的知识交易越来越多时，其通过企业协调的优势也逐渐趋于下降，当企业家认知到通过他的权威在企业内协调不同知识的机会成本，也即通过其他治理结构协调某些知识的收益如此之大，以至于接近或等于他在企业内协调不同知识的收益时，他就不会继续增加需要协调的知识交易。

由于企业家用于协调的知识是基于主观的知识，因此，不同的企业家之间存在差异。企业家对于通过市场利用分散知识的成本的认知也存在差异。因此即使相同性质的企业，在不同的企业家的治理下，其边界也是存在差异的。

5.3 知识的内生性积累

知识之所以以分散的形式存在，是因为人的有限理性，不能掌握全部的知识而出现的知识分工。随着企业之间博弈的进行，各交易环节间的知识会不断被积累。这种知识的积累是由于博弈的不断重复而非由于环境的变化引起的，因此属于一种内生性的知识积

---

① 科兹纳. 均衡与市场过程［A］//科兹纳，罗斯巴德. 现代奥地利学派经济学的基础. 杭州：浙江大学出版社，2008：111.

累。由于知识的分散存在形式，知识积累发生在不同的人身上，既发生在企业家的身上，又发生在参与到不同交易环节的企业雇员身上。知识的积累形式既表现为原有知识纵向上的积累，即在同一种类知识的深度上的积累；又表现为知识在横向上的积累，即对于不同种类的知识的积累。

5.3.1　知识积累的不同形式

在人类社会发展的过程中，知识的积累总是在不断地进行之中。企业知识的内生积累主要是在企业之间博弈过程中并非博弈的外部环境原因引起的知识积累。企业知识的内生性积累体现为企业知识存量的增加。具体来说表现为两方面，一方面是知识的创新，即新知识的产生，另一方面是已有知识的扩散和传播。新知识的产生来自企业家的发现过程。企业家通过自身的警觉性，不断发现或创造新的知识。知识的扩散和传播主要通过价格机制、管理规则和制度等知识传播体系。哈耶克认为"价格是一种交流信息的机制"①。价格体系是长期的、自然选择过程的结果，价格传递的信息可以被所有的市场参与者自由地利用，并且价格传递个人市场活动所需的全部信息。哈耶克认为"把价格体系描绘成一种记录变化的工具或一种通讯系统不仅仅是一种隐喻，这种通讯系统能使单个的生产者像工程师观察一些仪表的指针那样，只观察一些指标的运动便可以调整其活动，从而适应变化。"②管理规则与制度也是知识传播体系的一部分，价格机制传递的信息具有的动态性质，它会促使市场参与者修正自身的计划；而管理规则与制度传递的知识是稳定的，它肯定了个人在其中行为的社会

---

①　哈耶克. 个人主义与经济秩序［M］. 邓正来，译. 北京：北京经济学院出版社，1989：81.
②　哈耶克. 个人主义与经济秩序［M］. 邓正来，译. 北京：北京经济学院出版社，1989：81-82.

框架所具有的稳定性。

知识累积的过程是连续的，且知识与知识往往存在一定的互补性，汪丁丁将知识的互补性分成了两类，即时间互补性和空间互补性。因个人的观察和体验是沿着时间来展开的，同一类型知识的不同知识片段之间沿时间的互补性被称为"时间互补性"。不同的人从不同角度探究同一个问题所逐渐积累起来的知识，也是相互补充。这种不同类型知识之间在空间上的互补性被称为"空间互补性"。[①]沿着汪丁丁的思路，我们可以将知识的积累分成两类，一类是对同一类知识的时间上的累积，即个人对于其原来参加的交易环节上的知识纵向上的积累。知识在纵向上的积累表现为个人对于某一方面知识存量的不断增加。而另一类是对不同知识在空间上的积累，表现为对新的知识的积累，即横向上的积累。知识横向上的积累表现为一个人对于另一个人的知识的观察、模仿和练习，从而将他人的隐性知识转化为自身的隐性知识。不论何种类型的知识积累与创新，都发生于反复生产的过程和重复交易的过程，在交易过程中，参与者通过不断的实践活动积累其知识。

5.3.2　知识积累的不同主体

另外由于知识的分散性，知识的积累同时发生在企业的所有成员身上，既发生在企业雇员的身上，同时也发生在企业家的身上。而企业家和企业雇员之间知识存量积累程度对比的变化将影响企业家对于博弈形式的认知。

为了方便衡量企业家知识积累与企业雇员知识积累的对比关系，这里定义一个企业家组织不同知识所需要交叉知识函数。假设：

---

① 汪丁丁. 知识沿时间和空间的互补性以及相关的经济学 [J]. 经济研究，1997，32（6）：70；72；74；76-77；71；73.

（1）企业家的知识由协调不同知识的交叉知识构成，可以用一个向量表示 $Y = \{Y_1, Y_2, \cdots, Y_n\}$，其中 Y_1 代表协调第一个交易所需的交叉知识，同理 Y_i 代表第 i 项交易所需要的交叉知识。每个向量维度的变化，代表企业家的知识在纵向积累上的变化。新的维度发现代表企业家知识的横向积累。

（2）企业家所需协调的一项知识交易的知识分散在甲与乙二人身上。X_{a1} 代表甲具有的关于自身业务的知识，X_{a2} 代表甲所具有的关于乙的业务的知识；X_{b1} 代表乙具有的关于其自身的业务知识，X_{b2} 代表乙具有的关于甲的业务知识。X_{a1} 的增加代表甲的知识在纵向上的积累，X_{a2} 的增加代表甲的知识在横向上的积累。同理，X_{b1} 的增加代表乙在知识纵向上的积累，X_{b2} 代表乙在知识横向上的积累。

由此，企业家协调甲乙二人之间的知识所需要的交叉知识的最小数值为[①]：

$$Y_i^* = F(X_{a1}, X_{a2}, X_{b1}, X_{b2}) \tag{5.1}$$

这里 $\frac{\partial F}{\partial X_{a1}} > 0$，$\frac{\partial F}{\partial X_{b1}} > 0$，即随着交易者知识的纵向积累企业家所需要的该环节的交叉知识越来越多。这主要是因随着交易双方知识的增加，交易的不确定性增加，需要作为协调者的企业家掌握更多的知识，以确定不同知识的最佳用途，并消除在交易过程中产生的不确定性。$\frac{\partial F}{\partial X_{a2}} < 0$，$\frac{\partial F}{\partial X_{b2}} < 0$，即随着交易之间知识的横向积累，企业家所需要的协调该环节的交叉知识趋于减少。这是因为交易者知识的横向积累有助于减少交易的不确定性，降低"交易"中的摩擦。由于不确定性的减少，不同的知识间的博弈结果将趋于整体最优，从而陷入"囚

---

① 函数表示分散的知识与对分散的知识进行协调需要的最低交叉知识的一个对应关系。

徒困境"之中的可能性降低。

5.3.3　竞争与知识积累

在奥地利学派看来，竞争是个动态的过程，只有通过竞争，各种事实才有可能被发现。市场参与者所掌握的知识，正是因为竞争而产生的结果。如果没有竞争，市场的参与者很难掌握如此之多的知识。哈耶克在《作为发现过程的竞争》一文中强调，价格是一种竞争的过程，这种过程具有发现知识的功能。"从处于每一个阶段的竞争过程中所发生的各种暂时的结果，向市场参与者表明应该去寻求什么。"①可见竞争的程度对于知识积累会产生影响，当市场竞争较为激烈时，知识积累的进程就会加快，反之，就会变慢。

5.4　企业家对知识积累的认知与产业组织模式变迁

知识的积累表现既为横向积累，又为纵向积累。既发生在企业家的身上，又发生在不同的企业雇员身上，因此知识的积累必然影响企业家对于主观博弈形式的认知。这种影响主要体现在两个方面，一方面影响企业家的策略空间，另一方面影响企业家的后果函数。两方面的影响使得他认知的主观博弈的博弈形式发生了改变。当这种认知到了一定程度，就会引发内部认知危机，从而促使企业家调整策略。企业家的策略调整，不仅会影响自身的收益，而且会对其他企业的收益产生影响，改变其他企业家对知识的组织和协调。当所有的企业家策略调整之后，收益符合各自的预期时，新的博弈均衡得以产生，从而发生了产业组织模式的变迁。

---

① 　KIRZNER I M.The meaning of market process：Essays in the development of modern Austrian economics ［M］. London：Routledge，1992：150.

5.4.1 企业家知识横向积累下的产业组织模式变迁

企业家知识的横向积累实际上是企业家发现了新的知识[①]。新的知识的发现将有可能改变企业家对于博弈形式的认知，主要是改变企业家对于其策略空间的认知，对于企业家后果函数的影响较小。

企业家知识的横向积累表现企业家掌握了或者更形象地说是发现了协调新的知识交易的交叉知识，而这种知识是企业家以前所不知的。表现在知识向量 $Y = \{Y_1, Y_2, \cdots, Y_n\}$ 中增加了一个维度，从而使企业家的知识向量变为 $Y = \{Y_1, Y_2, \cdots, Y_n, Y_{n+1}\}$，这将有可能开启企业家的策略空间中一部分原本处于未开启状态的维度，即企业家发现了以前并未发现的"交易"，使得扩大企业边界将该项交易纳入企业内进行组织是可行的。但开启的维度不一定成为博弈参与者的最优策略，只有当 $Y_{n+1} > Y_{n+1}^*$ 时，扩大企业边界才能成为最优策略。

当发生了企业家知识的横向积累时，即企业家发现了组织一项新交易所需要的交叉知识 Y_{n+1}，且 $Y_{n+1} > Y_{n+1}^*$，则通过企业权威来组织该项交易是可行的，企业家会扩大其边界，将该项交易纳入企业内进行组织。如果，策略的改变带来的收益符合了企业家的预期，则该策略被证明是成功的。企业在竞争过程中处于了优势的地位。这时原有的博弈均衡被打破。其他企业也会修正预期，尝试新的策略，当所有企业家策略调整之后产生的收益符合其预期，则新的博弈均衡得以产生，从而形成了新的产业组织模式。但对于模仿别人的企业家而言，只有当其积累的交叉知识满足 $Y_{n+1} > Y_{n+1}^*$ 时，新的策略才是可行的。如果 $Y_{n+1} < Y_{n+1}^*$ 则他仍无法将该项交易纳入企业进行组织，或者说纳入企

---

① 这种新知识发现并非由环境变化引起，而是在博弈重复的过程中产生，因此可以看作是内生性的知识积累。

业进行组织带来的收益会低于原来的策略。因此，即使该策略对于别人来说是成功的，对于他而言，也是不能模仿的，这体现了企业家由知识引致的能力差异。

5.4.2 企业家与雇员知识的纵向积累与产业组织模式变迁

企业家与雇员知识的纵向积累将会引发企业家对于原有产业组织模式的认知危机，从而调整其策略，引发博弈均衡的改变，形成新的产业组织模式。新的产业组织模式作为一种博弈均衡，其形成取决于企业家在纵向积累的知识存量与企业雇员知识的纵向积累后所需的最低的"交叉知识"的对比。

当知识在纵向积累的结果仍然维持①了 $Y_i \geq Y_i^*$ 时，企业家仍旧具备协调该这项交易中不同知识的能力，该项交易仍在企业内组织是可行的。当企业家认知到这种知识积累的对比时，他也对于博弈的形式产生了新的认知，主要是他的后果函数的参数发生了变化。此时仍旧采取相同的策略 s_i，带来的收益 u_i（Φ_i（s_i，I_i（s_i，s_{-i}^*）：$\sum^*$，e）增大了，但 s_i 仍是最优策略，即 $s_i^* = \arg\max u_i$（Φ_i（s_i，I_i（s_i，s_{-i}^*）：$\sum^*$，e）。此时他的关于博弈均衡的信念，即产业组织模式 $\sum^*$，进一步被增强。他仍会采取原有策略，当博弈所有的参与者不改变策略时，原有的博弈均衡得以维持，产业组织模式并未发生变迁。但在这个过程中，知识积累较快的企业家将会获得更大的优势，因为知识积累较快，有助于企业家降低协调不同知识的交易成本。

当知识在纵向积累的结果导致 $Y_i \leq Y_i^*$ 时，则企业家所具备的"交叉知识"实际上已经不足以协调交易者不同知识，企业家会发现 s_i 并非使其收益最大化的策略。存在着 s_i' 使得 $s_i^* = \arg\max u_i$（Φ_i

---

① 一项知识交易在企业内组织说明在积累的初始时刻，必然有 $Y_i \geq Y_i^*$，否则该项知识交易在企业内组织是不可行的。

$(s_i', \ I_i \ (s_i', \ s_{-i}^*) : \sum^*, \ e)$。此时企业家调整其策略，将该知识交易从企业中分离出去，但这种分类并非简单的回归市场。由于企业家掌握的该项知识交易的交叉知识的存量要高于通过市场治理时所需要的交叉知识的存量，因此，此时通过在企业之间形成一种模糊，或者说中间组织共同来组织该项知识交易可能成为最优策略。当企业家认知到其后果函数的变化，就会基于自身的主观预期，调整其策略。这种调整的过程，必然也涉及其他博弈参与者策略的调整，才能形成中间组织。当调整后的策略带来收益符合博弈参与者的预期时，新的博弈均衡得以产生，出现了新的产业组织模式，在企业之间形成了合作与分工。

5.4.3　企业雇员知识的横向积累与产业组织模式变迁

由于 $Y_i^* = F \ (X_{a1}, \ X_{a2}, \ X_{b1}, \ X_{b2})$，且 $\dfrac{\partial F}{\partial X_{a2}} < 0$，$\dfrac{\partial F}{\partial X_{b2}} < 0$，企业雇员的知识的横向积累使得协调该项知识交易需要的最低"交叉知识"，即 Y_i^* 变小。由于知识的积累是不可逆的，即企业家关于组织该项交易的"交叉知识" Y_i 只会变大，不会变小，因此企业家相对以往具备了更强的协调该项知识交易的能力。另外知识的横向积累使得交易双方之间的知识的"矛盾"得以减少，摩擦成本自然趋于下降。此时仍旧采取相同的策略 s_i，带来的收益 $u_i \ (\Phi_i \ (s_i, \ I_i \ (s_i, \ s_{-i}^*) : \sum^*, \ e)$ 将变大，但 s_i 仍是最优策略，即 $s_i^* = \arg \max u_i \ (\Phi_i \ (s_i, \ I_i \ (s_i, \ s_{-i}^*) : \sum^*, \ e)$。企业家关于博弈均衡的信念，即产业组织模式 $\sum^*$，进一步被增强。他仍会采取原有策略，当博弈所有的参与者不改变策略时，原有的博弈均衡得以维持，产业组织模式并未发生变迁。

根据上述的分析，可以看出企业家主要通过其自身掌握的关于一项交易的"交叉知识"与组织该项知识交易所需的最低"交叉知识"进行对比，从而调整对博弈形式的认知，并引发博弈均衡的改变。在这个过程中企业家的认知或者发现起到了很大的作用。如果所有的企业家都没有认知到这种知识对比的改变，则博弈可能仍旧停留在原有的均衡上，不会产生新的博弈均衡，产业组织模式自然也就不会发生变迁。

5.5　本章小结

不同的治理结构利用知识都是有成本的，企业之所以存在是因为企业在利用知识方面的优势。但由于人的有限理性，知识的积累会使得企业丧失这种利用这些知识的优势。企业家主要通过其自身掌握的关于一项交易的"交叉知识"与组织该项知识交易所需的最低"交叉知识"进行对比，调整自己对博弈形式的认知。当企业家做出策略调整的时候，原有的博弈均衡被打破，直到所有企业的策略调整后的收益符合了各自的预期，新的博弈均衡形成，新的产业组织模式得以产生。

本章的研究没有考虑环境的变化。但环境的变化，并不会改变本章得到的结论。根据SECI模型，环境的变化会进一步促进隐性知识的快速积累。而隐性知识的积累又加快了显性知识的积累，从而加快环境的变化。由于人的有限理性，在这种不断的循环过程中，产生了知识分工的需要，而这又将进一步加速隐性知识的积累。在这种情况下，只有权力分散，才能形成哈耶克提出的"合理的经济秩序"。

为了研究方便，我们分别从博弈过程的外部环境的变化与知识的内生性积累两个方面考虑了博弈均衡的变化。但在产业内企业之间就竞争与合作而进行的博弈过程中，企业的决策既受到环境变化的影响，又受到知识的内生性积累的影响。两者往往是同时进行，而且也同时影响企业对于博弈形式的认知。产业组织模式变迁的结果最终取决于作为博弈参与者的企业家对博弈形式的综合认知，而非仅考虑一个方面。

第6章

产业组织模式变迁的历史过程及趋势分析

本章基于前述构建的产业组织模式变迁的理论分析框架，分别从主观博弈的外部环境与博弈参与者的知识内生性积累两方面对产业组织模式变迁的历史过程进行分析，并对产业组织的变迁趋势做出判断。

6.1　从"单体企业"到"纵向一体化"的变迁过程分析

产业组织模式从以"单体企业"为主体变迁至以"纵向一体化"大型层级企业为主导的过程，是企业的外部环境和企业知识的内生性积累共同作用的结果。相对于知识的积累而言，环境变化对这一阶段的变迁带来的影响更为明显。

6.1.1　从"单体企业"到"纵向一体化"的历史变迁过程

（1）以单体企业为主导的产业组织模式阶段

传统的企业是单一单位的企业，即钱德勒（Alfred Dupont Chandler Jr.）所说的"单体企业"[①]。这种企业往往是一个或几个人所有，并直接参与经营。其显著特点是企业只掌握一种经济功能。一般经营单一的产品系列，而且不同企业生产的产品一般是同质的，较少存在差异。企业的各项活动都是由市场和价格机制来协调和控制的。这一阶段的产业组织模式就表现为以"单体企业"为主导的产业组织模式。在该产业组织模式下，企业与企业之间的关系主要是竞争关系，并接近于完全竞争。价格是企业之间的主要竞争手段。由于产品的同质化，很容易找到替代的交易对象，企业之间的合作较少。

钱德勒在《看得见的手：美国企业的管理革命》中曾谈到，直到

---

① 钱德勒. 看得见的手——美国企业的管理革命［M］. 重武，译. 北京：商务印书馆，1987.

十九世纪四十年代以前，美国企业界很少出现组织创新。自1790年到1840年间，美国经济实现了快速的增长。美国的人口数量也从390万人增加到1710万人，出现了从美国的东部向西部的横越大陆迁移。这一阶段所生产和分配的货物总量，以及与此有关的交易总数大大增加。然而实现生产和交易的企业，却仍旧是传统的单一单位企业。这一阶段企业的数量以惊人的速度增加，它们的活动方式也像亚当·斯密预期的那样，越来越趋向专业化。他们越来越趋向于担任单一的经济功能：零售商、批发商、进口商或出口商。[①] 直到1850年，绝大多数的美国一般制造业是在工场和家庭通过家庭劳动或是通过传统的私营店主而进行的，这与今天使用工资，得到电力协助的工厂劳动制度显然不同。[②] 也就是说，到1850年，美国各产业的主导产业组织模式仍是以"单体企业"为主导的组织模式。

（2）以纵向一体化大型层级制企业为主导的产业组织模式的产生

随着企业所处环境的不断变化，以及企业的知识的积累，产业组织模式发生了变迁，于是出现了产业组织模式的第二个阶段。这一阶段是在第二次产业革命之后出现的以纵向一体化的大型层级制企业为主导的产业组织模式。纵向一体化是指不超出核心技术范围、对生产的连续阶段实行的一体化[③]。当一个企业不在市场获得产品货物，而是自行生产时，就出现了纵向一体化。例如一个鞋匠自己经营了一个鞋店，并自行销售生产的鞋子。当他购买一家生产制鞋设备的工厂时，就出现了后向一体化（Upstream Integration），当他购买进鞋子的零售店时，就出现了前向一体化（Downstream Integration）。一体化组织模式与"单体企业"最明显的不同是企业不再是单一的经济职能，

① 钱德勒. 看得见的手——美国企业的管理革命 [M]. 重武，译. 北京：商务印书馆，1987.
② 福克讷. 美国经济史（下卷）[M]. 北京：商务印书馆，1989：37.
③ 威廉姆森. 资本主义经济制度 [M]. 段毅才，王伟，译. 北京：商务印书馆，2003：146.

企业内部的组织结构是复杂的。实际上纵向一体化组织模式是用"有形的手"替代了"无形的手"，将原本由市场组织的交易，纳入企业内部进行组织，用企业替代市场。在纵向一体化主导的产业组织模式中，由于更多的交易被纳入企业内进行组织，企业的组织更加复杂。企业间的产品也不再是同质化的产品，出现了产品的差异。价格竞争也不再是企业之间唯一的竞争手段。产业内部的一体化企业之间的关系仍旧表现为以竞争为主，由于从原材料到销售的大部分交易都是在企业内组织完成，企业之间的分工与合作关系较少。

纵向一体化的组织模式的出现是革命性，在很大程度上改变了人们的经济生活。在美国，美国烟草、麦考密克收割机、胜家缝纫机主要是通过向前一体化取得成功。而标准石油、通用电气、美国橡胶、杜邦等企业则是先通过横向一体化，然后再向前和向后结合取得竞争优势。到1917年，美国全部278家资产额在2 000万美元以上的公司中，有90%是经历了纵向结合形成的①。纵向一体化企业已经成为美国经济中最有竞争力的机构。20世纪美国经济的成功也在很大程度上归功于纵向一体化组织模式在其最重要的产业部门中的兴起。②1870—1938年世界工业生产分布见表6-1。

表6-1　　　1870—1938年世界工业生产分布（按百分比率计）

年份	美国	英国	德国	法国	俄国	日本	世界其余部分
1870	23	32	13	10	4	—	17
1881—1885	29	27	14	9	3	—	19
1896—1900	30	20	17	7	5	1	20
1906—1910	35	15	16	6	5	1	21

① 钱德勒. 看得见的手——美国企业的管理革命［M］. 重武，译. 北京：商务印书馆，1987：425.
② 钱德勒. 看得见的手——美国企业的管理革命［M］. 重武，译. 北京：商务印书馆，1987：425.

年份	美国	英国	德国	法国	俄国	日本	世界其余部分
1913	36	14	16	6	6	1	21
1926—1929	42	9	12	7	4	3	22
1936—1938	32	9	11	5	19	4	21

资料来源：钱德勒. 企业规模经济与范围经济：资本主义的原动力 ［M］. 北京：中国社会科学出版社，1999：4.

从表6-1可以看出，随着时间的推进，美国的工业生产部门的竞争力不断增强，在整个世界的工业生产中占据的份额趋于领先，并呈现增加趋势。而这种优势正是基于纵向一体化的产业组织模式。纵向一体化组织模式相对于单体企业组织模式的优势的显现，使得其逐步成为世界各国的主流产业组织模式。实际上一直到20世纪80年代以前，纵向一体化组织模式一直是一些主要西方发达国家的重要产业部门的主导产业组织模式。①

6.1.2　环境变化与纵向一体化组织模式的产生

根据前面的理论分析，可以知道产业组织模式是产业内企业之间的主观博弈的均衡。而这一均衡受到外部环境的变化和内生性积累两方面的影响。这里先分析环境变化对企业家认知的主观博弈模型的影响，以解释环境变化对于产业组织模式从以单体企业为主导变迁至以纵向一体化的大型层级企业为主导的过程。

（1）这一时期的环境变化及其对交易属性的影响

在这一阶段的产业组织模式变迁过程中，环境发生了巨大变化。这里主要关注三个方面，分别是技术环境、制度环境和市场环境的

---

① 柯颖. 模块化生产网络：一种新产业组织形态研究 ［M］. 北京：经济科学出版社，2009.

变化。

首先，技术环境方面，随着"第二次工业革命"的进展，很多新的发明使得很多新的工业制造部门的建立成为可能，例如运输设备的制造、电报、电话和无线电等还有很多工业部分的生产设备都得以发明。尤其是第二次产业革命以后，电力作为一种新能源得以利用，加上内燃机的应用，现实了电力与化学领域的革新，新的生产工艺也推动了冶金、机电、石油化工等重化学工业部门的建立和发展。虽然这一进程在美国和欧洲时间上略有差异，美国要略早于欧洲[①]，但其带来的结果是一样的。新的资本设备的产生极大地促进了生产效率的提高。与19世纪相比，这一阶段技术创新的显著特征是创造发明多是由力量雄厚的专业机构进行，并使之更加系统化，更接近科学研究。[②]但这一阶段的设备和发明没有统一的技术标准，因此不同设备之间的兼容性较差，或者说每项交易的资产专用性较高。一项交易中的资本设备投资所基于的技术，在转作它用，或者与其他交易者匹配时，往往有较大困难，甚至不得不重新投资。可见技术环境的变化带来的直接结果是交易的资产专用性程度上升，带来了更多具有较高资产专用性的交易。

其次，制度环境方面，这一阶段的前半程主要为自由放任，后半程出现了国家的管制和干预。以美国为例，亚当·斯密和他的继承者们所主张的放任主义政策，在"南北战争"结束后的半个世纪里得以盛行。就连美国宪法的《第十四次修正案》的第一节也是基于这一理论基础之上的。[③]自由放任的政策使得政府不去干预资本。但由于其他的相关制度并未完善，因此带来了一些问题。不受限制的竞争和自

① 哈巴库克，波斯坦. 剑桥欧洲经济史（第六卷）[M]. 王春法，等译. 北京：经济科学出版社，2003：445-448.
② 恩格尔曼，高尔曼. 剑桥美国经济史（第三卷）[M]. 蔡挺，李雅菁，张林，译. 北京：中国人民大学出版社，2008：582-583.
③ 福克讷. 美国经济史（下卷）[M]. 北京：商务印书馆，1989：74-75.

由放任也带来了祸害，"由于竞争十分激烈，几乎所有参与竞争的厂商的利润都被消灭了"①。在为了争夺资源和市场的过程中，贿赂较为风行，人民遭到掠夺，违法的方法层出不穷，甚至有些时候还出现了使用武力的情况②。可见，虽然政府并未对企业的活动进行干预，并制定了相关法律，但企业所处的制度环境仍然较差。主要体现在制度的实施机制较差，使得政府所制定的法律并未成为减少交易的不确定性的规则。在这情况下，交易的不确定性较大。为了避免这种不确定性，企业的合并与政府管理就成为不可避免的必然结果。从 1914 年到 1929 年，营业额在 5 000 美元到 20 000 美元的小工厂的相对数目从 48.9% 减少到 32.9%。而大公司的数目却增加了③。虽然进入 20 世纪，美国开始严厉实施《谢尔曼反托拉斯法》。1914 年通过了《联邦贸易委员会法》和《克莱顿法》，旨在禁止通过契约合作的方式维持市场势力。由于这些法案并不禁止通过功能和战略上的有效性实现市场份额的增加，在美国大型一体化公司继续为市场份额而进行功能性和战略性的竞争，其激烈程度远比德国和英国或是其他欧洲国家，或是二次大战后的日本的公司竞争大得多。④但这种政府干预实际上在后来带来了不良的影响，影响了产业组织模式的效率。20 世纪 60 年代到 70 年代，美国很多产业的国际竞争力出现了下降。对于这种情况的出现，很多学者认为是源于政府对市场的干预。

最后，市场环境方面。首先市场的容量趋于增大。需求者和供给者的数量都大大增加了。1860 年美国的人口接近 3 100 万，到了 1910 年美国人口已经增长到了 9 100 万人。19 世纪初高收入就业人口中约有 73% 从事农业生产活动，到了 1910 年，这一数字下降为 31%，并

---

① 福克讷. 美国经济史（下卷）[M]. 北京：商务印书馆，1989：76.
② 福克讷. 美国经济史（下卷）[M]. 北京：商务印书馆，1989：75.
③ 福克讷. 美国经济史（下卷）[M]. 北京：商务印书馆，1989：78.
④ 福克讷. 美国经济史（下卷）[M]. 北京：商务印书馆，1989：92-94.

于1940年进一步下降到了17%①。市场交易的参与者不断增加。钱德勒曾以美国东部港口为例谈了市场交易者数量的变化，在18世纪90年代，只有少数几个商人在东北港口从事贸易活动，而到了19世纪40年代，数以千百计彼此不相熟悉的商人在那里进行贸易活动②。市场规模的扩大，一方面使得专用性资产投资得以进行，另一方面由于加剧了企业之间的竞争，促使企业更积极地寻求创新。另外，由于交通、通信技术的进步，市场参与者之间的货物和信息的传递加快，但这却引发了人们对于交易速度的追求。人们更加追求时效性，强调交易在短时间内完成。钱德勒认为企业存在的理由就是速度经济③。根据前面的分析，交易时间的缩短，会增加交易的不确定性。

从企业的环境变化中可以看出，环境的变化引发了交易属性的变化。虽然环境变化的影响是复杂的，但从总的趋势可以看出，相对于以前，这一阶段交易的资产专用性趋于上升，而交易的不确定性也增加了。

（2）企业家对于环境变化的认知与产业组织模式的变迁

环境的变化改变了企业家对于产业内企业就竞争与合作关进行的主观博弈的博弈形式的认知。具体来说一方面会影响到企业家的策略空间。由于环境的变化，主要是技术的发展，使得扩大企业边界，实施纵向一体化成为一个可行的策略，即开启了策略空间中原本处于未开启的维度。另一方面，由于环境的变化引发的交易属性的变化，使得企业家的后果函数的参数发生了变化。原有的策略带来的收益将会发生改变，即原有策略带来的收益将会下降。不同属性的交易需要有不同的治理结构与之匹配，或者说不同的治理结构具有组织不同交易

---

① 哈巴库克，波斯坦. 剑桥欧洲经济史（第六卷）[M]. 王春法，等译. 北京：经济科学出版社，2002，9：42.
② 钱德勒. 看得见的手——美国企业的管理革命 [M]. 重武，译. 北京：商务印书馆，1987：14-16.
③ 路风. 从结构到组织能力：钱德勒的历史性贡献 [J]. 世界经济，2001，24（7）：61-76.

的比较优势。当企业家认知到环境变化带来的博弈形式的变化时，他就会调整策略，尝试新的策略，即纵向一体化策略，扩大企业的边界，进一步用企业替代市场。当新的策略确实带来了交易成本的降低时，企业家同产业内其他企业之间的竞争优势得以确立。其他企业的企业家会纷纷模仿这种策略，当所有的博弈参与者在策略调整之后获得的收益与其预期相符，则新的博弈均衡得以产生，即产生了以纵向一体化大型层级制企业为主导的产业组织模式。

（3）产业组织模式变迁的演化博弈证明

环境的变化会引发企业家认知的主观博弈的博弈形式的变化，形成新的博弈均衡，从而引发产业组织模式变迁。但由于主观博弈模型是基于博弈参与者的主观认知，很难具体写出各博弈参与者的策略空间和后果函数，并进行求解，因此主观博弈的均衡也缺乏解释力。为了进一步证明上述分析，这里降低对博弈参与者的理性要求，进一步增加一些假定，将上述主观博弈模型变成一个演化博弈模型，并根据这个演化博弈模型对由单体企业主导的产业组织模式向以纵向一体化大型层级制企业为主导的产业模式变迁过程进行分析，以证明环境变化对于产业组织模式的影响。

①模型假设

这里降低对于博弈参与者的理性要求，假设企业家只具有一种有机理性，或者说在生物演化过程中表现出的弱理性，不再具有主观能动性。另外假设所有的博弈参与者对于博弈形式的认知是一致的。虽然企业家对于博弈形式的认知是主观的，但当环境在一段时间内不发生变化时，在反复的博弈过程中，各博弈参与者对于博弈形式的认知趋于一致，即私人剩余信息 $I_i(S)$ 变得越来越少，直至每个企业不存在私人剩余信息 $I_i(S)$。除此之外，还需要假设：

首先，在企业群体中有大量且无差异的个体，且群体中的个体都是有限理性的，即群体中的个体并不是一次博弈行为的最优化者，其决策是通过个体之间模仿、学习和突变等动态过程来实现的。

其次，每一个个体在任何时候只选择一个纯策略。每个企业有相同的策略空间为$S=\{s_1（单体企业），s_2（纵向一体化）\}$。

再次，博弈参与者的收益函数即是其适应度函数，即采用某一个纯策略的个体的增长率依赖于该策略的预期收益，博弈参与者的收益就是其经营收益。另外还假定采取策略的不同，并不影企业的生产成本，不同策略下经营收益的差异主要是由于交易成本的差异引起的。

最后，企业所处的环境向量为外生变量①，且不变，即企业群体所处的环境不随着博弈的进行而改变。

②演化博弈模型的构建

根据上述假设，分别从群体中随机抽取任意2个个体配对进行博弈。这里构建一个支付情况见表6-2的2×2博弈模型。

表6-2 企业博弈支付矩阵

			乙	
			s_1	s_2
甲		s_1	a，a	b，c
		s_2	c，b	d，d

a为甲乙都采取s_1策略时二者的收益；b，c分别为甲采取s_1策略，乙采取s_2策略时二者的收益；c，b分别为甲采取s_2策略，乙采取s_1策略时二者的收益；d为甲乙都采取采取s_2策略时二者的收益；这里首先将环境向量确定在以单体企业主导的产业模式的环境之中，此时，不同策略组合下的收益之间的关系为：$b > a > d > c$②。此时，s_1是博弈的演化

---

① 虽然企业家或企业的行为在一定程度上会影响到制度环境的变化，但一般需要较长时间的积累，较短的时间内企业家或企业的行为对于制度环境的影响较小，因此可以假定其不受企业家或企业的行为的影响，把制度环境看作一个外生变量。
② 对于甲乙二人来说s_1都是占优策略，因为采用s_1相对于s_2能节省交易成本。

稳定性策略 ESS（Evolutionary Stability Strategy）[①]。

③环境变化

随着时间的推移，环境会不断发生变化，但这里我们假定环境的变化是瞬间完成的，或者说环境从一个场景瞬间切换到另一个场景，并且之后不再发生变化。这样的假设只是为了便于利用演化博弈模型进行分析。环境的变化改变了交易属性，从历史的现实看，很多交易中的资产专用性大大增加了，使得交易甚至变成了高度资产专用性的交易。此时单体企业的组织模式或者说通过市场来组织交易的模式不再与交易的属性相匹配，纵向一体化组织模式变得更加优势，因此在环境的变化下，上述博弈的各策略的收益之间的关系发生了变化，变为：$c>d>a>b$，而这将改变博弈演化的结果。

假设整个企业群体当中有 x 的比例选择策略"s_2"，$1-x$ 的比例选择策略"s_1"。那么采取 s_2 策略的博弈方期望收益为：

$$u_1 = (1-x)a + xb \tag{6.1}$$

采取 s_1 策略的博弈方期望收益为：

$$u_2 = (1-x)c + xd \tag{6.2}$$

博弈参与者的平均收益为：

$$\bar{u} = (1-x)u_1 + xu_2 = (1-x)\big[(1-x)a + xb\big] + x\big[(1-x)c + xd\big] \tag{6.3}$$

根据上述收益得到复制动态方程：

$$\frac{dx}{dt} = x(u_2 - \bar{u}) \tag{6.4}$$

求解上述复制动态方程，令 $\frac{dx}{dt} = 0$，得到：

$x=0$ 或 $x=1$ 两个稳定状态[②]，根据微分方程的"稳定性定理"可

[①] 据梅纳德．史密斯和普瑞斯（1973）给出的条件，如果 s 是一个二人对称博弈 G 的一个策略，存在 ε^0，对任何的 $s' \neq s$ 和任意的 $\varepsilon \in (0, \varepsilon^0)$，都有 $g(s, (1-\varepsilon)+\varepsilon s') > g(s', (1-\varepsilon)+\varepsilon s')$，就称 s 是一个"演化稳定策略"，这里 S_1 符合条件。

[②] 由于 $a<c$ 且 $b<d$，所以 $x(a-c)+(1-x)(b-d) \neq 0$，因此只可能 $x=1$ 或 $x=0$。

知，$x=1$ 是该博弈的演化稳定策略[1]。该复制动态方程的相位图如图 6-1 所示。

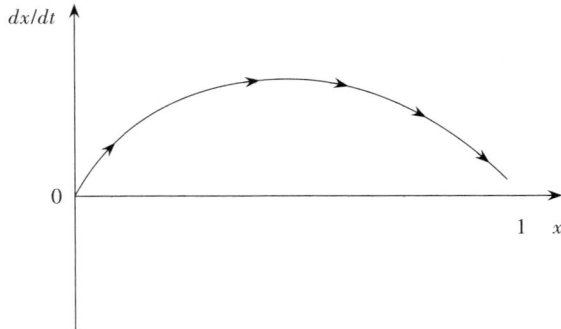

图 6-1　博弈相位图

可以看到即使最初只有一个敏锐的企业家敢于尝试 s_2 策略，博弈的均衡仍收敛于（s_2，s_2），s_2 将是企业的演化稳定策略。在出现一个变异者采取了该策略之后，由于该策略将具有侵略性，其他企业将纷纷效仿，最终 s_2 策略将成为产业的主导模式。该模型证明了，在不同的环境之中，博弈的均衡是不同的，从一个博弈均衡移动到了另一个博弈均衡，也就是产业组织模式从一个组织模式变迁到了另个一组织模式。

上述分析假定环境不随着博弈的进行而变化，实际上企业所处的环境会随着产业内企业之间的博弈而变化，但这种变化如果按照原有的趋势继续改变交易属性，实际上是会强化上述的结论。在这个模型的分析中，我们降低了对企业家理性程度的要求，但即便是企业的理性程度很低，仍可以得出与前面主观博弈分析相同的结论。

6.1.3　知识积累与纵向一体化组织模式的产生

知识的积累是不可逆的。随着时间的展开，知识的积累总在进行

---

① 　$F'(X) < 0$。

之中。并且，外部环境的变化会进一步加速知识的积累。但由于知识的积累没有办法量化，尤其是实践知识，因为其属于个人，而且是主观的，更难以计量。根据前述 SECI 模型，实践知识和科学知识可以相互转化，这里通过分析科学知识的积累带来的实践知识的积累来分析知识积累对于产业组织模式变迁的影响。

虽然第二次产业革命的发明和创新相对于第一次产业革命的发明和创新更多地和科学知识结合在一起，接近科学研究[①]。但就总体而言，这一时期的科学知识主要集中在少数的人手里。因此对于普通的企业成员而言，其所从事的生产活动较为简单。在1890年到1915年之间，新生产科技及新生产技术得到了大量运用，其中机械制造和船舶建造业最为突出，大范围引进半自动生产机器使雇主能够用准技术工人甚至非技术工人替代技术工人。[②]例如，在1913年亨利福特发明的汽车生产的流水线作业方式中，每个工人只完成整个生产过程中的很有限的一部分，从事的工作非常简单。在简单的交易活动中，就纵向维度来说，所能积累的实践知识自然有限。横向的知识积累在这一阶段也非常有限。在两次产业革命之后，原有的传统学徒制在西方大多数国家不同程度地崩溃，占据职业教育主导地位的是将技能学习进行切割和抽象的学校的职业教育。[③]在这种学校的切割和抽象的职业教育中，工人了解并掌握的交易环节的知识是有限的。另一方面，这一时间，企业家的知识积累无论是在横向上，还是在纵向上，进程都加快了。由于企业的活动空间增大了，企业在更大的范围内参与交易，因此，加快了企业家知识的横向积累，使得企业家获得了更多他

---

① 第一次产业革命的发明多来自于一些工匠的实践活动，他们本身并不掌握科学知识。

② 西伦. 制度是如何演化的：德国、英国、美国和日本的技能政治经济学 [M]. 王星，译. 上海：上海人民出版社，2010，8：95—96.

③ 关晶. 西方学徒制的历史演变及思考 [J]. 华东师范大学学报，2010，28（1）：81—90.

在一个比较小的市场范围内不可能获得的新知识。在纵向知识的积累上，由于不同交易环节的知识都比较简单，这方便了企业家在不同交易环节的知识的纵向上的积累。另外，企业合并的浪潮以及由此带来的生产及分销的合理化对美国的教育机构也有着巨大的影响。当企业管理层的规模开始扩大并趋于复杂时，对于训练有素的管理人员的需求增加了。美国的大学很快对于这种需求做出了反应。哈佛大学于1908年设立了工商管理研究院，到1914年哈佛商学院开始了营销、公司财务以及商务政策等课程，为了从高层管理的观点来发现解决商务问题的方法。德国的高校也做出了类似的反应。[①]这种教育在一定程度上，使得作为管理者的企业家具备了更强的协调不同知识的能力。

综合以上企业家和企业雇员的知识的积累，可以看出企业家在企业内通过权威协调不同知识相对于此前，要更加容易，即企业家在企业内协调不同知识的交易成本趋于下降，相对于市场协调不同知识而言，更具优势。当这种优势积累到一定程度，企业家对于博弈形式的认知就发生了变化，企业家会调整策略，扩大企业边界，从而引发博弈均衡的改变，即产生了以"纵向一体化"为主的产业组织模式。

6.2 从"纵向一体化"到"网络组织模式"的变迁过程分析

在这一阶段的变化的过程中，环境发生了较大的变化，同时伴随着知识的快速积累，产生了明显的知识分工。相对于上一个阶段的产业组织模式变迁，在这一阶段，知识积累对产业组织模式变迁的影响更为明显。

---

① 钱德勒. 企业规模经济与范围经济 [M]. 张逸人，陆钦炎，徐振东，等译. 北京：中国社会科学出版社，1999：98-99.

6.2.1 从"纵向一体化"到"网络组织模式"的历史变迁过程

进入20世纪80年代，主导的产业组织模式逐步变迁至第三阶段的网络组织模式为主导的产业组织模式。原本采取纵向一体化组织模式的企业出现了纵向分离，或者说垂直解体，即纵向一体化企业将原本在企业内部的纵向链条上的生产过程分离出去，转而依靠外部供应商提供所需的产品、支持服务或者职能活动。①纵向一体化企业垂直解体之后，并非简单重新回归了市场，而是形成了介于企业与市场之间的一种中间组织。这种中间组织既有市场的特点，又有企业的特点。威廉姆森认为，市场的自主适应性与激励强度很强，但权威控制程度与合作适应性却很弱；企业与市场相反，自主适应性和激励强度较弱，但权威控制程度及合作适应性很高；而中间组织的各项指标都处于中间状态②。中间组织与企业和市场的比较见表6-3。

表6-3 企业、中间组织、市场比较

制度形式	企业	中间组织	市场
资源配置方式	权威	价格与权威	价格
调节力量	供求	谈判	计划
合作稳定性	强	较强	弱
交易频率	重复性交易	重复性交易	一次性交易

资料来源：杨蕙馨，冯文娜. 中间性组织研究 [M]. 北京：经济科学出版社，2008，1：44-45.

这种介于市场组织和企业组织之间的中间组织就是一种网络组

---

① 李晓华. 产业组织的垂直解体与网络化 [J]. 中国工业经济，2005（7）：28-35.
② WILLIAMSON O E. Compatative economic organization：The analysis of discrete structural alternatives [J]. Administrative Science Quarterly，1991，36（2）：219-244.

织。在网络组织中，企业家的权威和价格机制同时发挥作用，而且网络组织的企业成员的关系较为稳定，在成员之间进行重复性的交易。这种网络组织结构也被斯金特（2000）称为生产网络范式。[1]模块化生产网络是生产网络范式中较有代表性的一种范式。模块是指半自律性的子系统，通过和其他同样的子系统按照一定规则相互联系而构成的更加复杂的系统或过程[2]。因为模块化生产网络的不同模块之间通过标准化的接口进行连接，对于进一步降低交易成本起到了促进作用。

这一阶段的产业组织模式与前面两个阶段最明显的差异在于，产业内的企业之间形成了合作与分工的关系，而非简单竞争与交易关系。当然竞争关系仍旧存在，因为产业内不同的企业群体组成了不同的模块化生产网络，此时的竞争在更大程度上表现为模块化生产网络与模块化生产网络之间的竞争。

6.2.2 环境变化与网络织模式的产生

环境的变化是渐进的，到20世纪80年代，企业所处的环境相对于以往已经有了较大的变化。这里按照前文的分析框架，主要考察环境向量 e 之中3个主要维度的变化，分别是技术环境、制度环境和市场环境的变化。环境的变化一方面影响企业家的策略空间，环境的不断改善，尤其是技术的进步会开启企业策略空间中新的维度；另一方面影响企业家的后果函数的参数，环境对于后果函数的参数的影响主要是通过影响交易属性来实现的。这里重点分析环境变化对交易属性的影响和由此产生的对企业家后果函数参数的影响。

---

① STURGEON T J. Modular production networks：A new American model of industrial organization ［J］. Industrial and Corporate Change，2002，11（3）：451-496.
② 青木昌彦，安藤晴彦. 模块时代：新产业结构的本质 ［M］. 周国荣，译. 上海：上海远东出版社，2003.

（1）技术环境的变化。

到20世纪80年代末期，企业所处的技术环境相对于以往已经发生了巨大的改变，主要表现在两个方面：一方面是众多的新的技术得以产生，如生命科学、新能源、电子信息、空间技术、海洋技术、环境技术、新材料等七大高科技都得到快速发展。尤其是信息技术的发展，更是突飞猛进。1971年英特尔公司发明了计算的微处理器，这使得电脑从大型机的时代步入了微型机时代。另外微软公司对于个人计算机操作系统的开发也取得成功，这都使得个人计算机迅速普及。随着网络的发展，极大地方便了信息在不同的人之间进行传递。可以说，信息技术的发展和创新深刻地改变了整个世界。另一方面，由于技术的研发不再是以往那种以个人进行为主的，更多的表现是以一些组织的研发为主的。为了增加研发成果的经济效益和使用的范围，在技术与设备的研发之中注意到了不同研发成果之间的协调兼容问题，往往采用行业内通行的技术标准。以20世纪后半程快速发展的物流业为例，在物流装备和技术的快速发展中，各种装备之间保持了一种协调和兼容。尤其是在集装箱相关的设备研发中，我们注意到了标准化的问题，不同设备的研发都依据集装箱的标准化尺寸。这使得集装箱在从收货地到交货地的整个流动过程中，十分顺畅。一种设备也很容易从一个交易中转移到另一个交易中。

从以上两个方面看，总体而言，可以得到两个结论。一方面，技术的发展减少了不同人之间信息传递的成本，促进了市场交易者或者企业内成员之间的沟通，从而在一定范围内降低了交易的不确定性[①]。另一方面，由于新的技术或设备的研发和创新的过程中注意到了行业的通行标准，有利于降低技术设备转作它用时的成本，即降低

---

① 这里强调的是一定范围内，在更多的范围内，信息的传递使得更多的人掌握了更多的信息，导致了更大的不确定性。

了交易的资产专用性。

（2）制度环境

在产业组织模式由以纵向一体化的大型层级制企业为主导的组织模式向以网络组织模式为主导的变迁过程中，企业所处的制度环境不断得到完善。尤其是进入20世纪80年代以来，出现了世界性的体制改革的浪潮。其主要趋势就是放松政府管制，强化市场机制作为"看不见的手"的作用，强调经济自由和私有产权。以美国运输产业为例，从20世纪80年代开始，美国政府放松了对于运输业的管制。相继通过了《汽车承运人规章制度改革和现代化法案》和《斯泰格司铁路法》。这些法规的出台改变了原有的市场环境，创造了一种运输改革的新环境。范围较广的行政诉讼和司法诉讼在很大程度上得以解决，由公共承运人和契约承运人提供的有关服务、价格，以及承运人服务方面的限制被进一步放松了，私人运输的范围也被允许改变。在20世纪90年代又相继通过了《协议费率法》、《机场航空通道改善法》和《卡车运输行业规章制度改革法案》。减少了联邦法案的约束，推动了运输业更接近"自由市场的体系"。

与19世纪末期到20世纪初期的"自由放任"不同，第二次世界大战以后，世界上大部分国家都得到了稳定的发展环境，制度的实施机制得以强化。不再是有法不依，行贿、欺骗等违法行为横行的时代。政府通过制度的完善确保了"非人格化交易"（impersonal transaction）得以公平地进行。另一方面，虽然政府与经济仍然密切相关，但是政府与市场参与者的关系发生了重大变化。政府与经济的关系变成了一种"保持距离型"（arm's length type），从而保障了经济的自由运行。

可以看出，这一阶段制度的完善，强化和完善了市场的作用，总体来说，在一定程度上减少了市场交易过程中的不确定性。

（3）市场环境

随着时间的推进，市场环境也逐步发生变化，市场规模持续变大。1970—1980年，世界排名前五位的国家美国、德国、日本、法国和英国的国内生产总值（GDP）的增长情况见表6-4。

表6-4　　1970—1980世界排名前五位国家的GDP增长情况

年份、增长率＼国家	美国	日本	德国	法国	英国
1970（单位：亿美元）	10 733.03	2 172.24	2 166.29	1 469.27	1 306.72
1980（单位：亿美元）	28 573.07	11 293.77	9 537.72	6 945.29	5 649.48
增长率	166.21%	419.91%	340.27%	372.70%	332.34%

资料来源：数据来自快易理财网，世界各国GDP数据，https://www.kylc.com/stats/global/yearly_overview/g_gdp.html.

根据世界各国GDP的变化情况看，随着时间的推移，市场交易的规模趋于增大，增长明显。市场规模的增大促进了分工的进行，使得交易被进一步细化。市场规模的扩大也使得越来越多的人或企业参与到了市场交易之中。市场中的需求者与供给者同时快速增加。由于法律制度的健全，非人格化的交易得到保障，市场参与者的增多，这将在一定程度上降低资产专用性的程度。这主要是因为交易中的投资更易于转作它用，或者说易于找到接受转让的人。市场参与者的数量快速增加，尤其是对外贸易得到快速发展之后，使得交易的双方相对于以前都更容易发现替代的交易者。因此，由于交易中的投机行为而产生的不确定性在一定程度下降了。企业之间的竞争也变得空前的激烈，这在一定程度上促使企业积极寻求组织创新，以获得竞争优势。

总体来看，随着环境的变化，交易的资产专用性也趋于下降。但因为从20世纪50—60年代开始，人们逐渐偏好个性化的产品，出现了产品的异质化，这导致了具有一定专用性资产的投入，因此资产专用性的程度也并非降低到完全不具有专用性，只是相对于以往有所下降。交易的不确定性方面，虽然制度环境和技术环境的完善使得交易的不确定下降，但因为人的有限理性，当技术的发展使人们掌握了更多的信息的时候，人们很难区分信息的真伪和有用性，因此仍旧存在不确定性。另外，需求者对于时效性的追求，要求交易在更短的时间内完成，这也使得交易的不确定性①不可能降到很低程度。

当企业家认知到这种变化之后，其认知的博弈形式发生了变化。基于对博弈形式的认知，企业家会调整策略，将原本在企业内组织的交易分离出去。但这种分离并非简单的回归市场，根据威廉姆森的观点，当资产专用性、不确定性和交易频率的取值恰好处于中间状态时，中间组织是有效的治理结构。这种中间组织就是介于市场和企业之间的一种网络组织模式。企业在网络内形成了企业间的分工，但具体的分工取决于企业知识的积累。

6.2.3　环境变化下的知识积累与网络组织模式的产生

虽然知识难以量化，人们普遍认同知识是促进这一阶段经济发展的重要动力。1996 年，世界经济合作和发展组织（OECD）在题为《以知识为基础的经济》的报告中，提出了"知识经济"的概念，强调了知识的重要作用。网络组织模式的产生也是源于知识的积累与分工。

（1）知识的积累对于企业家认知的博弈形式的影响

随着企业外部环境的不断变化，知识积累的进程必然被加快。二战以后，知识的积累表现出了新的特点。就科学知识而言，科学

---

① 这里的不确定性指交易的不确定性，并非指企业或是整个产业所面临的那种不确定性，后者一般被认为随着环境的变化而趋于增加。

知识不再被少数人所掌握，随着教育的发展和教育的普及，越来越多科学知识被不同的人所掌握。同时由于人的有限理性和科学知识存量的增加，一个人难以掌握所有的科学知识，每个人只能掌握一个部分，从而形成了科学知识的分工。就实践知识而言，科学知识存量的增加以及在不同人之间的分工，进一步增加了实践知识的积累和复杂化。美国学者吉福特与品乔特对知识经济条件下与以往工业经济条件下人们的"工作实质"进行了对比，并指出了七种变化，分别是：①从非熟练性工作到知识工作；②从枯燥重复性工作到创新和关心；③从个人工作到团队工作；④从职能性工作到项目性工作；⑤从单一技能到多技能；⑥从上司权力到顾客权力；⑦从上级协调到同事协调。[①]实际上知识在每一个交易环节都在不断地快速积累，正如托马斯·斯蒂沃特（Thomas Stewart）所言："知识已经成为我们所制造的、所工作的、所购买和所销售的产品和服务的基本组成部分。"[②]

知识的积累和复杂化带来了两个方面的影响，一方面增加了企业家协调不同知识的难度。企业家作为一个有限理性的人，不可能掌握所有的知识。因此在企业内协调不同知识的交易成本趋于上升，相对于市场协调知识的优势趋于下降。这将使得企业家将一部分交易从企业中分离出去。另一方面，由于不同的企业家掌握了不同的知识片段，因此形成了不同企业家协调不同知识的优势。这将导致企业之间的异质化，不同的企业具有了不同的能力，或者说组织不同交易的比较优势。知识积累带来的两方面的影响必然引发博弈参与者对于博弈形式认知的改变，其中主要的是对于参与者后果函数参数的影响，使得相同的策略带来的收益发生变化。

---

① 冯苏京. 企业演变规律研究 [D]. 北京：中国人民大学，2008：213.
② 冯苏京. 企业演变规律研究 [D]. 北京：中国人民大学，2008：213.

（2）外部环境与内生性知识积累共同作用下产业组织模式的变迁

根据上面的分析，可以看出，上述外部环境变化和知识的内生性积累对于企业家认知博弈形式的影响是同方向的，或者说是一致的。而两方面因素都使得企业家认知到其后果函数的参数将发生变化。基于对交易属性和自身掌握的交叉知识的认知，企业家会尝试中间组织策略。当所有博弈参与者的收益符合其各自的预期时，新的产业组织模式得以产生，即具有中间组织性质的网络组织模式。由于知识以"由不同人拥有的、分散分布的、不完全的，并且常常是相互矛盾的知识的形式存在"，不同的企业家对于不同的知识的掌握是不同的。于是企业家会专注于其相对于其他企业家有优势的知识的协调上，这将形成企业之间的专业化和分工。以模块化生产网络为例，当一些企业专注于某些模块，致力于模块的改进和创新，而另一些企业专注于其具有比较优势的规则设计时，网络组织模式中的有代表性的模块化生产网络就形成了。模块供应商专注于模块中的"看不见的规则"的创新，只要这种改进和创新符合既定规则的输入输出的要求。而模块集成商则专注于"看得见的规则"，或者说设计规则的创新。

（3）模块化生产网络产生的演化博弈证明

在知识积累影响下，不同企业具有的能力不同，因此企业实际上分化成了不同的群体。这里仍放松对企业家理性程度的要求，假定企业家只具有有机理性或是演化理性，并且假定所有博弈参与者认知的博弈形式相同，不存在私有信息，把主观博弈模型转化为一个演化博弈模型，通过构建一个多群体模仿者动态模型来分析产业组织模式的一体化组织模式向网络组织模式变迁的过程。因为模块化生产网络组织模式是在网络组织模式中有代表性的组织模式，所以这里把网络模式具体为模块化生产网络。

另外还需假设：

① 知识的积累已经完成，在博弈进行的过程中，知识积累不再进行。由于知识积累而引发的知识分工使得产业内的企业分成了2个不同的群体，因此有2个企业家群体。

② 2个企业家群体，分别为甲和乙。在每个群体中存在大量且无差异的个体，且两个群体的成员分别对于组织不同的交易环节具有"交叉知识"的认知优势。

③ 群体成员随机配对进行博弈，且群体中的每一个个体在任何时候只选择一个纯策略。甲群体中个体的策略空间为 $S_1=$ {A（模块集成商），Y（一体化）}。乙群体中的个体的策略空间为 $S_2=$ {B（模块供应商），Y（一体化）}。

④ 博弈参与者的收益函数即是其适应度函数[①]，即采用某一个纯策略的个体的增长率依赖该策略的预期收益，博弈参与者的收益就是其经营收益。

⑤ 企业所处的环境不随着博弈的进行而改变。

根据上述假设，分别从两个群体中随机抽取任意1个个体配对进行博弈。这里不需要考虑因重复博弈而产生的声誉影响。因为尽管博弈的次数可能是无穷的，但是，在每次博弈中，参与者通常都是从大群体中随机选择出来，参与者之间缺乏了解，再次博弈的概率也较低。因此，参与者不会像重复博弈那样尝试通过声誉机制来影响对方未来的行动[②]。这里构建一个支付情况见表6-5的2×2博弈模型：

---

① 在主观博弈中，每个博弈的参与者对于博弈形式的认知是主观的，不同参与者对于博弈形式、收益函数的认知是有差异的，这里假定博弈是重复的，所以参与者彼此了解对方的收益函数，不存在私人信息，也即，企业的认知是相同的，没有偏差。

② FRIEDMAN D.On Economic applications of evolutionary game theory [J]. Journal of Evolutionary Economics，1998，8（1）：15-43.

表6-5　　　　　　　　　　　　甲与乙博弈支付矩阵

		乙	
		B	Y
甲	A	a_{11}，b_{11}	a_{12}，b_{12}
	Y	a_{21}，b_{21}	a_{22}，b_{22}

若乙策略为 B（模块供应商），甲可以通过市场购买乙的产品，其收益高于甲采取"一体化"策略获得的收益，因为此时过多交易集中于企业内，企业家所具有的知识不足以协调如此多的交易，反而甲乙之间形成了知识分工，通过共同组织协调知识交易的成本更低，于是有 $a_{11}>a_{21}$。当乙采取 Y 策略（一体化策略）时，甲采取 Y 策略（一体化策略）的收益要高于采取 A 策略的收益，原因是甲乙之间并未形成分工协作，甲不能通过共同组织其需要的知识，不能生产出其预期能够满足顾客的产品，于是有 $a_{22}>a_{12}$。同理，我们可以得出结论，$b_{11}>b_{12}$，而 $b_{22}<b_{11}$。

上述博弈的支付矩阵可以标准化为表6-6的形式[①]。

表6-6　　　　　　　　　　　标准化博弈支付矩阵

		乙	
		B	Y
甲	A	a_1，b_1	0，0
	Y	0，0	a_2，b_2

其中：$a_1=a_{11}-a_{21}$，$a_2=a_{22}-a_{12}$，$b_1=b_{11}-b_{12}$，$b_2=b_{22}-b_{21}$。

假设甲群体当中有 p 的比例选择策略 A，即作为模块集成商，通过"看得见的规则"协调不同模块的知识，$1-p$ 的比例选择"一体化

---

① FRIEDMAN D. Evolutionary games in economics [J]. Journal of Evolutionary Econometrica，1991（59）：637-666.

策略"，即以在企业内通过企业权威协调不同知识以满足市场需求。

乙群体中有 q 的比例选择策略 B 策略（作为模块供应商），有 $1-q$ 的比例选择策略"一体化"策略，则当甲选择策略"模块集成商"策略时，其期望收益为：

$$EU_{11} = qa_1 \tag{6.5}$$

甲选择策略"一体化"策略时，其期望收益为：

$$EU_{12} = (1 - q)a_2 \tag{6.6}$$

甲群体的平均收益为：

$$U_1 = pEU_{11} + (1 - p)EU_{12} = pqa_1 + (1 - p)(1 - q)a_2 \tag{6.7}$$

乙选择策略"模块供应商"时，其期望收益为：

$$EU_{21} = pb_1 \tag{6.8}$$

乙选择策略"一体化"时，其期望收益为：

$$EU_{22} = (1 - p)b_2 \tag{6.9}$$

乙群体的平均收益为：

$$U_2 = qEU_{21} + (1 - p)EU_{22} = qpb_1 + (1 - q)(1 - p)b_2 \tag{6.10}$$

由方程（6.5）～（6.7）可以写出甲选择"模块集成商"策略的复制动态方程：

$$dp/dt = p(1 - p)\left[qa_1 - (1 - q)a_2\right] \tag{6.11}$$

由方程（6.5）～（6.7）可以写出乙选择"模块供应商"策略时复制动态方程：

$$dq/dt = q(1 - q)\left[pb_1 - (1 - p)b_2\right] \tag{6.12}$$

根据复制动态方程（6.11），令 $dp/dt = F(p) = 0$，解出这个动态复制方程的稳定点（选择"模块集成商"策略的甲所占比例达到稳定状态，不再变化）得到 $p=1$，$p=0$ 或者 $q = a_2/(a_1 + a_2)$。同理根据复制动态方程（6.12）可得，$q=1$，$q=0$ 或者 $p = b_2/(b_1 + b_2)$ 时，选择

"模块供应商"策略的乙所占总体的比例是稳定的。可以看出系统有
5个局部均衡点，分别为 $O(0, 0)$，$P(1, 0)$，$Q(0, 1)$，$R(1, 1)$ 和 $S(P_m, Q_m)$，其中 $P_m = a_2/(a_1 + a_2)$，$Q_m = b_2/(b_1 + b_2)$。均衡
点的稳定性可以根据上述两个微分方程得出的雅可比矩阵的局部稳定
性导出[①]。

方程（6.11）和方程（6.12）组成的系统的雅可比矩阵的行列
式为：

$$detJ = (1 - 2p)\big[qa_1 - (1 - q)a_2\big](1 - 2p)\big[pb_1 - (1 - p)b_2\big] - p(1 - p) \qquad (6.13)$$
$$(a_1 + a_2)q(1 - q)(b_1 + b_2)$$

雅可比矩阵的迹为：

$$trJ = (1 - 2p)\big[qa_1 - (1 - q)a_2\big](1 - 2q) + (1 - 2q)\big[pb_1 - (1 - p)b_2\big] \qquad (6.14)$$

符合稳定条件，即 $detJ>0$，且 $trJ<0$ 的点仅为点 $O(0, 0)$ 和点 $R(1, 1)$，而 $S(P_m, O_m)$ 为鞍点。对应于系统的动态演化路径如图6-2所示。

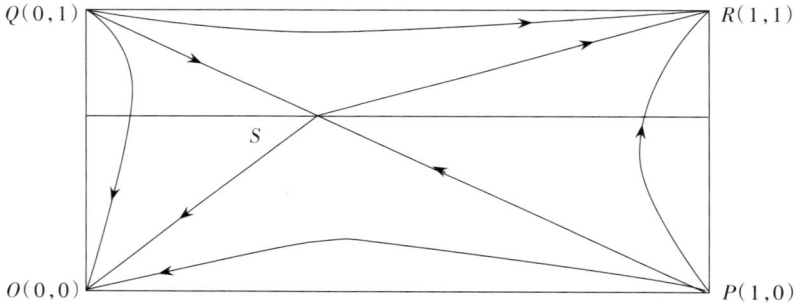

图6-2　动态演化路径

在甲和乙博弈的过程中，演化的路径最终是达到点 $O(0, 0)$ 还
是点 $R(1, 1)$ 与博弈的初始状态是直接相关的，如果初始状体处于
折现 QSP 左下方的区域 QOPS 时，两个群体的博弈最终收敛于点
$O(0, 0)$。相反若初始状态处于折线 QSP 的右上方区域 QRPS 则博弈

① 威布尔. 演化博弈论 [M]. 王永钦，译. 上海：上海三联书店，上海人民出版社，2006：34-38.

的均衡最终收敛于点 R （1，1）。博弈均衡最终收敛于 R （1，1）点相对于收敛于 O （0，0）点，具有帕累托效率，因为双方的收益都得到了改善（$a_{11}>a_{22}$；$b_{11}>b_{22}$）。

在上述分析中，$a_1=a_{11}-a_{21}$，为在乙采取"模块供应商"策略的情况下，甲选择"模块集成商"策略的所得与甲选择"一体化"策略所得的差额。$a_2=a_{22}-a_{12}$，表示在乙选择"一体化"策略的情况下，甲选择"一体化"策略所得与选择"模块集成商"所得的差额。如果伴随着知识的积累，分散企业其他成员身上的知识相对于企业家所能认知的知识越来越多，a_1 和 a_2 的值均会发生变化。随着越来越的"交叉知识"不能被企业家所认知，企业家在企业内协调交易的能力趋于下降，收益相对于通过市场组织交易而获得的收益减少，a_1 的值会变大，而 a_2 的值会变小或者不变，这主要是在知识复杂的情况下，知识分工能够节省协调不同交易之间的交易成本，因此 $P_m = a_2/(a_1 + a_2)$ 会变小，即 S 点会下移。基于同样的道理，伴随着越来越多的知识积累的，b_1 的值会变大，而 b_2 的值会变小或者不变，因此 $Q_m = b_2/(b_1 + b_2)$ 会变小，即 S 点会下左移。综合来看，随着知识的不断积累，S 点的位置会不断往左下方移动，假设移至 S' 的位置，如图6-3所示。

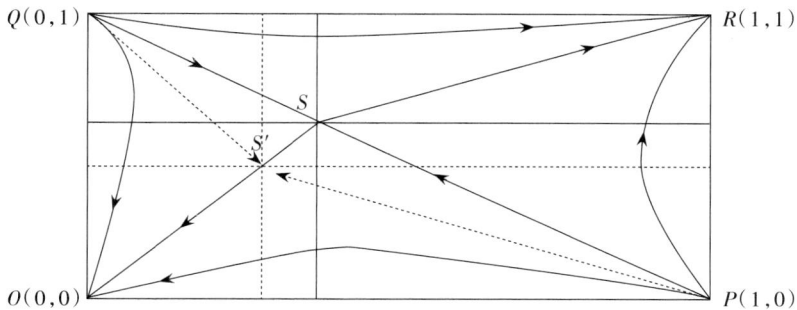

图6-3　不同知识积累下的动态演化路径

可以看出，当初始状态处于折线 $QS'P$ 左下方的 $QOPS'$ 区域时，双方博弈的结果最终收敛于 O（0，0），即最终的结果是甲选择策略"一体化策略"，乙选择策略"一体化"策略。当初始状态处于折线 $QS'P$ 右上方 $QRPS'$ 区域时，双方博弈的结果最终收敛于 R（1，1），即甲选择策略"模块集成商策略"，乙选择策略"模块供应商"，即双方实现了知识分工，对二者均有利可图。相对于知识积累之前的演化路径而言，双方收敛于 R（1，1）的概率提升了，也就是说在知识的不断积累下，两个群体之间博弈会以更大的概率收敛于更具效率的结果。

通过上述分析可以看出，即使降低企业家的理性程度，随着知识积累的不断推进必然引发新的产业组织模式的产生，形成网络组织模式。

6.3 产业组织模式的变迁趋势分析

每一个历史事件都是极易变化的众多原因的一个合成结果。而人的偏好，预期和知识有着固有的不可预测性和不确定性[①]。产业组织模式也是由众多原因影响而形成的一个结果。因此对产业组织模式变迁趋势的预测很难做出精准的预测。正如奥地利学派所言，我们只能做出"如果怎么样，那么将怎么样"的预测。

6.3.1 环境变化对产业组织模式变迁趋势的影响

按照历史的发展趋势，企业所处的环境总体而言是趋于改善的。如果这个趋势不改变，技术创新会不断发生，新的技术得以产生，这将减少因技术原因而给企业带来的约束，同时由于人们注意到了不同

---

① 科兹纳. 论奥地利学派经济学的方法［A］//科兹纳，罗斯巴德. 现代奥地利学派经济学的基础. 杭州：浙江大学出版社，2008，10：46.

技术或设备之间的兼容性或行业标准，资产专用性会趋于降低。制度方面，企业所处的制度环境在总体上也会趋于完善，尤其是法律制度会不断得到补充，这将使得企业能更好地预见一些行为的结果，减少交易中的不确定性。技术环境和制度环境的发展使得交易的资产专用性和不确定性都趋于下降。

但市场环境的变化可能会带来不同的结果。可以预见需求者越来越追求产品的个性化，或者说异质性，这将使得资产的专用性仍旧存在，不可能降至不具有专用性。另一方面也追求时效性，强调交易在更短时间内完成。短时间内完成交易无疑会增加不确定性。另外由于人的有限理性，难以处理如此多的信息，交易的不确定性也将存在。综合来说，环境变化将使得交易的资产专用性和不确定性处于一种中间状态。

环境变化带来的企业家的策略空间的变化很难预计，但根据环境变化对交易属性可能产生的影响，可以在一定程度上预见其对企业家后果函数的影响。总体而言，交易的不确定性将降低，但不确定性仍然存在，交易的资产专用性变为混合资产专用性，在这种情况下，企业的最优策略是采用中间组织的形式去组织交易，以节省交易成本，因此网络组织模式仍是具有优势的产业组织模式。

6.3.2　企业知识内生性积累对产业组织模式变迁的影响

虽然人的知识是不可预测的，但知识的积累是不可逆的，因此可以预见知识的存量会越来越多。环境的变化也会加速知识的积累的进程。目前人类所面临的技术环境更新速度比以往任何时候都要快。可以预见，未来的环境变化将使得技术更新加快，这将使得知识的积累不断增加。由于人的有限理性，企业家知识的积累必然不足以协调不断积累的分散知识。这将改变企业家认知的博弈形式，尤其是改变其后果函数的参数。企业家会调整策略，将通过企业权威进行协调不具优势的知识交易从企业中分离出去。但由于企业家对于这些知识并非完全不了解，因此更可能的是形成中间组织，而非简单的回归市场，即形成网络组织模式。随着知识的不断积累，由于人的有限理性，企业家难以通过企业权威在企业内协调知识不断增长的交易双方，因此，可以预见，网络组织模式的成员会被不断细化。一个企业可能会进一步被细分成更多更小的企业，从而组成更复杂的网络组织。

6.4　本章小结

产业组织模式作为企业之间主观博弈的均衡，不论是历史变迁的进程，还是未来的发展趋势，都将受到外部环境变化和知识的内生性积累的共同影响。企业家基于自身对主观博弈形式的认知，调整策略，从而引发博弈均衡的改变，使得博弈均衡从一个均衡移动到另一个均衡，进而发生产业组织模式的变迁。

第 7 章

结论与启示

本章对全书进行归纳，总结产业组织模式变迁的机理，根据产业组织模式变迁的机理得到相关启示。就我国的产业组织模式变迁中存在的问题，给出促进我国产业组织模式朝有效率的模式变迁的建议。

7.1 本书的主要结论

本书把产业组织模式看成一种制度安排和自发秩序，并基于主观博弈理论对产业组织模式的形成及变迁进行了分析，分别从企业博弈的外部环境变化和企业知识的内生性积累两方面研究了作为博弈均衡的产业组织模式的变迁。最后根据构建的理论框架对产业组织模式变迁的历史进行分析，并对产业组织模式变迁的趋势进行了简单的预测。

根据本书的研究，我们可以得出如下几个方面的结论：

（1）产业组织模式作为一种制度安排可以看作产业内企业之间主观博弈的均衡。

产业组织模式实质上是产业内企业之间关于竞争与分工合作关系的制度安排，一种自发秩序。产业组织模式的确定可以看作企业边界确定的结果。一个企业关于自身边界的确定不但影响其自身的收益，同时也会影响到产业内其他企业的收益。反过来，别的企业的边界变化也不单影响它自己的收益，也影响到本企业的收益，因此可以看出产业组织模式的形成是企业之间关于企业边界博弈的结果。而这种博弈是基于各个企业的企业家的主观认知，因此是主观博弈的博弈均衡。而产业组织模式的变迁，就表现为从一个博弈均衡移动到另一个博弈均衡。

（2）产业内企业所处的外部环境的变化会引发产业组织模式变迁。

企业总是处于一定的环境之中，并受环境的约束。产业组织模式是企业家基于主观认知对自身企业边界决策而形成的无意识的结果。而企业决策的过程受到环境的约束，因此产业组织模式必然受环境变化的影响。

环境的变化改变了交易的属性，不同治理结构与不同属性的交易相匹配。因此，一方面环境的变化引发的交易属性的变化，使得原有的治理结构运行的成本发生变化，即企业家的后果函数的参数发生了变化。另一方面环境的变化还会改变企业家的策略空间，开启原本处于未开启状态的维度。当这些变化被一些企业家所认知时，企业家所认知的主观博弈形式发生了变化，从而使得企业家调整企业的边界，通过改变治理结构与属性改变的交易相匹配。当一些率先进行策略调整的企业家的调整取得成功以后，其他企业家会纷纷效仿这种成功的策略。直到所有企业所采取的策略符合了他们各自的预期，新的博弈均衡得以形成，即新的产业组织模式得以形成。

（3）由于人的有限理性，知识的不断积累会引发产业组织模式变迁。

知识以分散的形式存在，从知识的角度看，企业之所以存在是因为企业相对于市场具有利用分散的意会知识的优势。也就说利用知识也是有成本的，分散的知识之间的协调的成本可以看成交易成本。在一定范围内，企业家在企业内协调分散的知识交易成本相对于市场协调分散的知识的交易成本要更低，因此企业得以存在。

企业家在协调分散的知识的过程中，不需要掌握所有的知识，他只要掌握了分散知识之间的"交叉知识"就可以对知识进行协调。随着分散知识的不断积累，企业家需要掌握的分散的"交叉知识"也越来越多，但人是有限理性的，而且不可能掌握所有的知识。因此企业家在企业内通过权威协调不断增多的分散知识的交易成本会上升，即企业家的后果函数的参数发生了变化。另一方面企业家知识的积累也会改变企业家的策略空间，使得原本不可行的策略变得可行。总之，企业家在认知到知识积累的变化后，其认知的主观博弈形式发生了变化。企业家会调整其策略，于是在不同企业家之间形成了关于协调知识的分工，即新的产业组织模式得以产生。由于企业家对从企业中分离出去的知识具有一定的了解和掌握，此时采取中间组织模式更为合适。因此，新的产业组织模式一般表现为一种介于市场与企业之间的中间组织，并非重新回到了市场。

7.2 相关启示

根据上述结论，我们可以看出产业组织模式的变迁过程受外部环境和内生性知识积累两方面的影响，同时也受作为博弈参与者的企业家发现机会和创新能力的影响。构建良好的外部环境、促进知识的内生性积累和培育企业家精神可以加速产业组织模式朝有效率的模式变迁的进程。这些结论具有很强的启发意义，我们从这些结论中得出如何促进我国产业组织模式朝着有效率的模式变迁的对策。

7.2.1 我国产业组织模式变迁中存在的问题

在我国产业组织模式变迁的过程中，主要存在三个方面的问题，首先是政府在资源配置和企业行为中的引导作用发挥不够充分；其次是企业之间缺乏沟通与联系，形成内耗；再次是企业的外部环境不够完善。这三方面的问题导致了我国产业组织模式缺乏效率，变迁进程较慢。

首先，政府在产业组织模式变迁中的引导作用尚未充分发挥。虽然近年来国家出台了多项政策推动国有企业改革和重组，但是，当前政府在产业组织模式变迁中的引导作用尚未充分发挥。部分政策仍以行政干预为主导，强调规模扩张和结构整合，忽视了市场机制在资源配置和组织创新中的基础性作用。

其次，企业之间缺乏有效的协调机制与信息沟通渠道，导致产业内部的分工协作关系较为薄弱，过度竞争现象普遍存在。这种低水平的竞争格局使得企业在主观博弈过程中难以形成稳定的合作预期，从而陷入非效率的博弈均衡状态，即各方均采取次优策略却无法单方面改变现状。此外，由于企业间知识传递与资源整合的障碍，企业在面对外部环境变化和知识积累所带来的组织边界调整需求时，往往倾向于采取保守策略，缺乏主动探索新型治理结构的动力。这种策略锁定效应进一步延长了产业组织模式停留在非效率均衡中的时间，延缓了向更高效组织形式演进的过程。尤其在知识密集型和技术快速迭代的行业中，若企业之间无法建立有效的协同创新机制，将严重制约整个产业对新兴技术的吸收与应用能力，削弱产业整体竞争力。

最后，影响产业组织模式有效变迁的一个关键因素在于企业所处的外部环境尚不完善，尤其是在制度层面仍存在若干制约市场主体行为协调与长期预期形成的障碍。制度环境作为影响交易成本、治理结构选择以及企业家策略空间的重要变量，在产业组织模式的形成与演化过程中发挥着基础性作用。一方面，现行法律体系在部分领域的制度供给仍显不足，规则制定尚未完全覆盖市场运行中的复杂情形，导致企业在进行战略性决策时面临较高的不确定性。以知识产权保护为例，尽管我国已初步建立起较为完整的法律框架，但在具体执行环节仍存在一定难度，例如维权程序复杂、侵权认定标准模糊、惩罚性赔偿力度有限等。这在一定程度上削弱了企业对创新投入的激励，抑制了其通过技术进步实现内生增长的动力。另一方面，法律制度的实施机制仍有待进一步健全。制度的有效性不仅取决于其文本规范，更依赖于其实际执行效果。当前，部分领域存在"立法易、执法难"的现象，使得法律在维护市场秩序、保障公平竞争方面的功能未能充分发挥。在此背景下，非正式的关系网络在一定程度上成为市场主体降低交易不确定性的替代机制。这种基于信任与人际纽带的协调方式虽然在特定情境下具有一定的适应性，但从整体上看，不利于构建以契约精神为核心的现代市场体系，也可能弱化企业基于效率原则进行组织调整的动机。此外，企业在融资支持、政策待遇、市场准入等方面存在的制度性差异，也在一定程度上影响了不同所有制企业之间的公平竞争，从而限制了企业家才能的充分释放。制度安排上的不平衡可能造成资源配置偏离帕累托最优状态，进而延缓产业组织模式向更高效形态的演进过程。

7.2.2　推动我国产业组织模式快速变迁的建议

根据本书关于产业组织模式作为企业间主观博弈均衡的研究结论，结合当前我国在产业组织模式变迁过程中所面临的主要问题，要实现从非效率均衡向更有效率的组织模式转变，必须从制度环境优化、市场机制完善、企业家精神培育以及协调机制建设等多个方面入手，构建有利于产业组织模式演进的系统性支持体系。具体建议如下：

第一，提升政府引导作用的科学性与前瞻性，推动政策导向由"行政主导"向"市场引导"转变。

政府应在尊重市场规律的基础上，发挥其在制度供给、规则制定和公共服务方面的积极作用。应减少对微观经济活动的直接干预，避免以行政命令代替市场机制推动企业重组与整合。应更多地通过财税激励、标准制定、信息平台建设等间接手段，引导企业在市场竞争中自主调整边界、优化治理结构。同时，应加强对战略性新兴产业和知识密集型行业的政策支持，为新兴产业组织形态的发展提供制度空间。

第二，加快制度环境建设，增强法律制度的有效性与可预期性。

制度环境是影响交易成本和组织选择的关键变量。应进一步健全相关法律法规体系，特别是加强知识产权保护、合同执行、反垄断等方面的立法与修订工作，以确保法律制度能够适应技术进步与市场变化的新要求。更重要的是，应强化法律实施机制，提高执法效率，降低维权成本，增强市场主体对法治的信心。同时，应推动建立统一开放、竞争有序的现代市场体系，消除所有制歧视，保障各类市场主体公平参与竞争，从而激发企业的创新活力和组织变革动力。

第三，促进企业之间的协同合作，构建高效的产业生态系统。

产业组织模式的演化依赖企业间的分工协作关系。应鼓励企业之间建立稳定的合作预期，推动形成基于契约精神的长期合作关系。可通过行业协会、产业联盟、创新联合体等形式，搭建企业间的信息共享与资源整合平台，降低交易成本，提高资源配置效率。特别是在高新技术和产业链复杂度较高的行业，应积极培育中间组织、平台型企业等新型治理结构，为企业间的知识交流与协同创新提供组织支撑。

第四，重视知识积累对企业边界和组织模式的影响，推动组织形式的持续优化。

随着知识的不断积累，传统的科层制组织结构可能难以有效应对日益复杂的协调需求。应鼓励企业根据自身发展阶段和知识分布特征，灵活调整组织边界，探索多样化的治理结构。同时，应加强对跨组织知识管理的支持，推动形成知识共享、风险共担、利益共享的协同机制，从而提升整个产业的知识利用效率和创新能力。此外，应重视企业家在组织模式变革中的关键作用，通过教育、培训、政策激励等方式，培育具有战略眼光和创新意识的企业家队伍。

第五，提升企业家的认知能力与策略选择水平，增强其对环境变化和知识演化的适应能力。

产业组织模式的变迁本质上是企业家在主观认知基础上进行策略调整的结果。因此，应注重提升企业家的战略思维能力、风险管理能力和组织创新能力，使其能够在复杂多变的环境中识别机会、做出合理决策。同时，应营造更加包容、多元的创业文化氛围，鼓励企业家尝试新的商业模式和组织形式，为产业组织模式的多样化发展提供实践基础。

参考文献

[1] 迪克西特. 法律缺失与经济学：可供选择的经济治理方式［M］. 郑江淮，李艳东，张杭辉，等译. 北京：中国人民大学出版社，2007：5-6.

[2] 阿尔钦，德姆塞茨. 生产、信息费用与经济组织［A］//陈郁. 企业与市场组织——交易经济学文选. 上海：上海三联书店、上海人民出版社，1995：55-95.

[3] 阿尔钦. 产权：一个经典注释［A］//科斯，阿尔钦，诺思. 财产权利与制度变迁——产权学派与新制度经济学派译文集. 上海：上海三联书店出版社，1994：166-178.

[4] 多兰. 作为非常规科学的奥地利学派经济学［A］//多兰. 现代奥地利学派经济学的基础［C］. 杭州：浙江大学出版社，2008：1-8.

[5] 弗鲁博顿，芮切特. 新制度经济学：一个交易费用分析范式［M］. 姜建强，罗长远，译. 上海：上海三联书店，上海人民出版社，2006：9-11.

[6] 克莱因，克劳福德，阿尔钦. 纵向一体化、可占用性租金与竞争性缔约过程［A］//陈郁. 企业与市场组织——交易经济学文选. 上海：上海三联书店，上海人民出版社，1996：110-153.

[7] 沃恩. 奥地利学派经济学在美国：一个传统的迁入［M］. 朱全红，译. 杭州：浙江大学出版社，2008.

［8］ 诺思. 制度、制度变迁与经济绩效［M］. 杭行，译. 上海：上海三联书店，上海人民出版社，2008：1-10.

［9］ 诺思. 经济史中的结构与变迁［M］. 陈郁，罗华平，等译. 上海：上海三联书店出版社，上海人民出版社，1991：186.

［10］ 丁利. 从均衡到均衡：制度变迁的主观博弈框架［J］. 制度经济学研究，2005：12-30.

［11］ 杜传忠. 产业组织演进中的企业合作——兼论新经济条件下的产业组织合作范［J］. 中国工业经济，2004，6：14-21.

［12］ 逯建，乔洪武. 奥地利经济学与新古典经济学［J］. 求索，2008，194（10）：15-17.

［13］ 维塞尔. 自然价值［M］. 陈国庆，译. 北京：商务印书馆，1982，6：213-215.

［14］ 哈耶克. 哈耶克文选［M］. 冯克利，译. 南京：凤凰出版传媒集团，江苏人民出版社，2000.

［15］ 哈耶克. 个人主义与经济秩序［M］. 邓正来，译. 北京：北京经济学院出版社，1989：50-51；98-99.

［16］ 哈耶克. 法律、立法与自由（第一卷）［M］. 邓正来，张守东，李静冰，译. 北京：中国大百科全书出版社，2000.

［17］ 哈耶克. 自由秩序原理［M］. 北京：中国社会科学出版社，1999.

［18］ 哈耶克. 经济学、哲学、政治学：哈耶克论文演讲集［M］. 南京：江苏人民出版社，2000：297.

［19］ 高勇. 企业家职能：理论的演进与发展［J］. 华东经济管理，2001（4）：38-39.

［20］ 关晶. 西方学徒制的历史演变及思考［J］. 华东师范大学学报，2010，28（1）：81-90.

［21］ 吉本斯. 博弈论基础［M］. 高峰，译. 北京：中国社会科学出版社，1999：1-3.

［22］ 克里斯坦森. 方法论个人主义［A］//门格尔. 经济学方法论探究. 北

京：新星出版社，2006.

[23] 冯苏京. 企业演变规律研究 [D]. 北京：中国人民大学，2008：213.

[24] 福克讷. 美国经济史（下卷）[M]. 北京：商务印书馆，1989：36-37.

[25] 西蒙. 现代决策理论的基石 [M]. 杨砾，徐立，译. 北京：北京经济学院出版社，1989：3-4，77-80.

[26] 何大安. 行为经济人有限理性的实现程度 [J]. 中国社会科学，2004（4）：91-101；207-208.

[27] 维尔塔. 奥地利学派：市场秩序与企业家创造性 [M]. 朱海就，译. 杭州：浙江大学出版社，2010.

[28] 哈巴库克，波斯坦. 剑桥欧洲经济史（第六卷）[M]. 王春法，等译. 北京：经济科学出版社，2003：445-448.

[29] 黄凯南. 主观博弈论与制度内生演化 [J]. 经济研究，2010，45（4）：134-146.

[30] 贾根良，项后军. 奥地利学派企业理论的诞生及其重要意义 [J]. 天津社会科学，2005（2）：82-88.

[31] 黄春兴. 奥地利学派经济理论的一个学习架构 [J]. 南大商学评论，2007，12（1）：154-176.

[32] 黄雄. 奥地利学派：时间与无知的经济学——评卡伦·沃恩的《奥地利学派经济学在美国》[J]. 东北财经大学学报，2009，63（3）：3-7.

[33] 黄雄. 米塞斯经济思想研究 [D]. 复旦大学，2009：4.

[34] 康芒斯. 制度经济学 [M]. 于树生，译. 北京：北京商务印书馆，2006：10-11.

[35] 柯颖. 模块化生产网络：一种新产业组织形态研究 [M]. 北京：经济科学出版社，2000.

[36] 柯平. 知识管理学 [M]. 北京：科学出版社，2007.

[37] 西伦. 制度是如何演化的：德国、英国、美国和日本的技能政治经济学 [M]. 王星，译. 上海：上海人民出版社，2010，8：95-96.

[38] 科兹纳. 论奥地利学派经济学的方法 [A] //科兹纳，罗斯巴德. 现代奥

地利学派经济学的基础. 杭州：浙江大学出版社，2008：46-45.

[39]　科兹纳. 方法论的个人主义、市场均衡与市场过程［A］//多兰. 现代奥地利学派经济学的基础. 杭州：浙江大学出版社，2008.

[40]　科兹纳. 均衡与市场过程［A］//科兹纳，罗斯巴德. 现代奥地利学派经济学的基础. 杭州：浙江大学出版社，2008.

[41]　罗斯巴德. 人类行为学：奥地利学派经济学的方法论［A］//科兹纳，罗斯巴德. 现代奥地利学派经济学的基础. 杭州：浙江大学出版社，2008：31.

[42]　刘树君. "经济学与知识"：哈耶克的一个转折点［J］. 长春工业大学学报（社会科学版），2011，23（1）：34-37.

[43]　刘洋. 纵向一体化理论述评［J］. 华南理工大学学报（社科学版），2002（1）：41-45.

[44]　刘志铭. 奥地利学派与新制度经济学：能否架起沟通的桥梁［J］. 学术月刊，2005，4：11-15.

[45]　李晓华. 产业组织的垂直解体与网络化［J］. 中国工业经济，2005（7）：28-35.

[46]　科斯. 企业的性质：影响［A］//威廉姆森. 企业的性质——起源、演变和发展. 北京：商务印书馆，2007：70-93.

[47]　米塞斯. 人的行为［M］. 台湾：远流出版事业股份有限公司，1991：109.

[48]　米塞斯. 人类行为的经济学分析［M］. 赵磊，李淑敏，黄丽丽，译. 广州：广东经济出版社，2010：12.

[49]　路风. 从结构到组织能力：钱德勒的历史性贡献［J］. 世界经济，2001，24（7）：61-76.

[50]　牛晓帆. 西方产业组织理论的演化与新发展［J］. 经济研究，2004（3）：116-123.

[51]　哈特，穆尔. 产权与企业的性质［A］//陈郁. 企业与市场组织——交易经济学文选. 上海：上海三联书店，上海人民出版社，1996：315-372.

[52] 威廉姆森. 市场与科层：分析和反垄断的启示［M］. 上海：上海财经大学出版社，2011：3-5.

[53] 威廉姆森. 资本主义经济制度［M］. 段毅才，王伟，译. 北京：商务印书馆，2003.

[54] 威廉姆森. 交易费用经济学：契约关系的规制［A］//陈郁. 企业制度与市场制度——交易费用经济学文选. 上海：上海三联书店，上海人民出版社，1996：24-56

[55] 青木昌彦，安藤晴彦. 模块时代：新产业结构的本质［M］. 周国荣，译. 上海：上海远东出版社，2003.

[56] 钱颖一. 市场与法治［J］. 经济社会体制比较，2000：1-11.

[57] 荣兆梓. 企业性质研究的两个层面——科斯的企业理论与马克思的企业理论［J］. 经济研究，1995（5）：21-28.

[58] 苏东水. 产业经济学［M］. 北京：高等教育出版社，2000.

[59] 孙经纬. 企业边界与垂直一体化的理论研究［J］. 外国经济与管理，1997（8）：3-6.

[60] 霍维茨. 主观主义［A］//门格尔. 经济学方法论探究. 北京：新星出版社，2006.

[61] 恩格尔曼，高尔曼. 剑桥美国经济史（第三卷）［M］. 蔡挺，张林，李雅菁，译. 北京：中国人民大学出版社，2008：582-583.

[62] 格罗斯曼，哈特. 所有权的成本与收益：纵向一体化和横向一体化的理论［A］//陈郁. 企业与市场组织——交易经济学文选. 上海：上海三联书店，上海人民出版社，1996：270-314.

[63] 韦森. 奥地利学派的主观主义认知论与交易费用经济学范式的未来发展：一个偶然的理论猜想——为张五常教授七十寿诞而作［J］. 云南大学学报（社会科学版），2005（6）：40-46；93.

[64] 威布尔. 演化博弈论［M］. 王永钦，译. 上海：上海三联书店，上海人民出版社，2006：34-38.

[65] 王军. 现代奥地利经济学派研究［M］. 北京：中国经济出版社，2004.

[66] 汪丁丁，韦森，姚洋. 制度经济学三人谈 [M]. 北京：北京大学出版社，2005.

[67] 汪丁丁. 知识沿时间和空间的互补性以及相关的经济学 [J]. 经济研究，1997，32（6）：70-77.

[68] 汪丁丁. 从"交易费用"到博弈均衡 [J]. 经济研究，1995（9）：72-80.

[69] 项后军. 奥地利学派：企业理论研究 [M]. 成都：四川出版集团，2008：90-91.

[70] 项后军. 奥地利经济学与企业理论 [J]. 学术月刊，2005，4：15-18.

[71] 王玉霞，于涛. 论企业物流治理模式的变迁：基于主观博弈的视角 [J]. 东北财经大学学报，2011（5）：9.

[72] 钱德勒. 看得见的手——美国企业的管理革命 [M]. 重武，译. 北京：商务印书馆，1987：14-16.

[73] 钱德勒. 企业规模经济与范围经济 [M]. 张逸人，陆钦炎，徐振东，等译. 北京：中国社会科学出版社，1999：98-99.

[74] 谢志刚. 奥地利学派的制度分析方法 [J]. 云南财经大学学报，2011，27（2）：12-22.

[75] 夏大慰，王步芳. 新奥地利学派：产业组织学的行为流派 [J]. 山西财经大学学报，2004，26（5）：71-76.

[76] 青木昌彦. 比较制度分析 [M]. 周黎安，译. 上海：上海远东出版社，2001：220-248.

[77] 斯密. 国民财富的性质与原因的研究（下卷）[M]. 郭大力，王亚南，译. 北京：商务印书馆，1994：25-27.

[78] 斯密. 道德情操论 [M]. 谢祖钧，译. 西安：陕西人民出版社，2006：280-283.

[79] 杨小凯. 不完全信息与有限理性的差别 [J]. 开放时代，2002（3）：76-81.

[80] 杨蕙馨，冯文娜. 中间性组织研究 [M]. 北京：经济科学出版社，

2008：44-45.

[81]　郁义鸿. 知识管理与组织创新［M］. 上海：复旦大学出版社，2001：38.

[82]　叶怀珍. 现代物流学［M］. 北京：高等教育出版社，2006：2-3.

[83]　于涛. 制度变迁与现代物流企业的产生［J］. 中国流通经济，2011，25（7）：48-53.

[84]　于涛. 中间组织的产生：基于交易的不可分性［J］. 云南财经大学学报，2011（4）：127-132.

[85]　于涛. 论制度环境对物流交易组织方式演化的影响［J］. 经济与管理，2011，25（11）：23-27.

[86]　史密斯. 演化与博弈论［M］. 潘春阳，译. 上海：复旦大学出版社，2008.

[87]　野中郁次郎. 论知识创造的动态过程［A］//格拉斯，霍尔特休斯. 知识优势——新经济时代市场制胜之道. 北京：机械工业出版社，2003：70.

[88]　张传平. 市场逻辑与平等观念［J］. 哲学研究，1996（11）：24-29.

[89]　张维迎. 市场的逻辑［M］. 上海人民出版社，2010.

[90]　张文喜. 对哈耶克的"有限理性"观和"自发秩序"观的解读［J］. 社会科学家，1999（1）：68-73.

[91]　朱海就. 市场的本质［M］. 上海：格致出版社，上海三联书店，上海人民出版社，2009：20-25.

[92]　周清杰. 现代奥地利经济学企业理论述评［J］. 外国经济与管理，2005，27（9）：2-8；15.

[93]　布坎南. 成本与选择［M］. 刘志铭，李芳，译. 杭州：浙江大学出版社，2009：1-45.

[94]　曾楚雄，林丹明. 信息技术、交易成本与激励：论经济组织形式的中间化［J］. 中国工业经济，2006，6：75-83.

[95]　钟学义，陈平. 技术，技术进步，技术经济学和数量经济学之诠释［J］. 数量经济技术经济研究，2006（3）：156-161.

[96]　SMITH A.The wealth of nations［M］. New York：Random House，Modern

Library Edition, 1937: 47.

[97] AKERLOF G.The market for "lemons": Quality uncertainty and the market mechanism [J]. The Quarterly Journal of Economics, 1970 (84): 488-500.

[98] ALCHIAN A A.Uncertainty, evolution, and economic theory [J]. The Journal of Political Economy, 1950, 58 (3): 211-221.

[99] ANTONELLI C.Externalities and complementarities in telecommunications dynamics [J]. International Journal of Industrial Organization, 1993, 11 (3): 437-447.

[100] BOETTKE P J.Alternative paths forward for Austrian economics [A] // Boettke P J.The elgar companion to Austrian economics [C]. USA: Edward Elgar, 1994.

[101] BALDWIN C, CLARK K B.Design rules: The power of modularity [M]. Cambridge: Ma Mit Press, 2000.

[102] STEVEN C.The contractual nature of the firm [J]. Journal of Law and Economics, 1983 (26): 1- 21.

[103] COASE R H.The nature of the firm [J]. Economica, 1937 (4): 386-405.

[104] COASE R H.The problem of social cost [J]. Journal of Law and Economics, 1960 (3): 1-44.

[105] O' DRISCOLL G P Jr, RIZZO M J.The economics of time and ignorance [M]. Oxford: Basil Blackwell, 1985: 36.

[106] FRIEDMAN D.On economic applications of evolutionary game theory [J]. Journal of Evolutionary Economics, 1998, 8 (1): 15- 43.

[107] FOSS K, FOSS N J.Organization economic experiments: property rights and firm organization [J]. The Review of Austrian Economics, 2002 (15): 297-312.

[108] FOSS N J.More on knight and the theory of the firm [J]. Managerial and Decision Economics, 1993, 14 (3): 269-276.

[109] FOSS N J.The Theory of the firm: The Austrians as precursors and critics of contemporary theory [J]. Review of Austrian Economics, 1994, 7 (1): 31-65.

[110] FOSS N J.Austrian insights and the theory of the firm [J]. Advances in Austrian Economics, 1997 (4): 175-198.

[111] FOSS N J.Coase vs Hayek: economic organization in the knowledge economy [J]. International Journal of the Economics of Business, 2002, 9 (1): 9-35.

[112] FAMA E F.Agency problem and the theory of the firm [J]. Journal of Political Economy, 1980, 88 (2): 288-307.

[113] HAYEK F V.The counter-revolution of science [M]. Glencoe Illinois: The Free Press, 1941: 26-27.

[114] HAYEK F A.The use of knowledge in society [J]. The American Economic Review, 1945 (35): 519-530.

[115] HAYEK F A.Personal recollections of keynes and the "keynesian revolution" [A] //HAYEK F A.New studies in philosophy politics, economics and the history of ideas. Chicago: University of Chicago press, 1978.

[116] SAUTET F.An entrepreneurial theory of the firms [M]. London: Routlege, 2000.

[117] DEMSETZ H.The firm in economic theory: a quiet revolution [J]. The American Economic Review, 1997, 87 (2): 426-429.

[118] IOANNIDES S.Towards an Austrian perspective on the firm [J]. Review of Austrian Economics, 1999 (11): 77-97.

[119] FOSTER J.Is there a rolefor transaction cost economics if we view firm as complex adaptive systems? [J]. Contemporary Economic Policy, 2000, 18 (4): 369-385.

[120] EATWELL J, MILGATE M, NEWMAN P.The new palgrave: a dictionary of eoconomics [M]. London: The Macmillan Press Limited, 1987: 807.

［121］ KIRZNER I M. Entrepreneurship and equilibrating process ［A］// LITTLECHILD S. Austrian economics. Cheltenham: Edward Elgar, 1990: 73-79.

［122］ KIRZNER I M.Competition and entrepreneurship ［M］. Chicago: University of Chicago Press, 1978: 18-95; 65-69.

［123］ KNIGHT F H.The ethics of competition ［M］. London: Allen and Unwin, 1935: 225.

［124］ MISES L V. Human action ［M］. New Haven: Yale University Press, 1963: 395.

［125］ LACHMANN L M.Capital, expections, and the market process: essays on the theory of the market economy ［M］. Kansas City: Sheed Andrew and Mcmeel, 1977: 153.

［126］ DAVIS L, DOUGLASS N. Institutional change and American economic growth: A first step towards a theory of institutional innovation ［J］. The Journal of Economic History, 1970 （30）: 131-149.

［127］ LARSSON R. The handshake between invisible and visible hands ［J］. International Studies of Management & Organization, 1993, 23 （1）: 87-108.

［128］ VON MISES L.Theory and history ［M］. Indianapolis: Liberty Fund Inc, 2005: 11-12.

［129］ POLANYI M.The tacit dimension ［M］. London: Routlege and Kegan Paul, 1966.

［130］ NORTH D. Eonomic performance through time ［J］. American Economic Review, 1994, 84 （3）: 359-368.

［131］ RICHARDSON G B.The organization of industry ［J］. Economic Journal, 1972 （82）: 883-896.

［132］ SHAND A H. The capitalist alternative: An introduction to Neo-Austrian economics ［M］. Brighton: Harvester Press Publishing Group, 1984.

［133］ SHANE S.Prior knowledge and the discovery of entrepreneurial opportunities

[J]. Organization Science, 2000, 11 (4): 448-469.

[134] SANCHEZ R, MAHONEY J M. Modularity, flexibility, and knowledge management in product and organiztion design [J]. Strategic Management Journal, 1996 (17): 63-76.

[135] SCHILLING M A, STEENSMA H K.The use of modular organization forms: an industry-level analysis [J]. Academy of Management Review, 2001, 44 (6): 1149-1168.

[136] SAUTET F.An entrepreneurial theory of the firms [M]. London: Routlege, 2000: 41-42; 46-48.

[137] YU T F L.Toward a praxeological theory of the firm [J]. Review of Austrian Economics, 1999, 12 (1): 25-41.

[138] YU T F L.Entrepreneurship and econmic development in Hong Kong [M]. London: Routledge, 1997.

[139] YU T F L. Entrepreneurial perspective of institutional change [J]. Constitutional Political Economy, 2001 (12): 217-236.

[140] STURGEON T J. Modular production networks: A new American model of industrial organization [J]. Industrial and Corporate Change, 2002, 11 (3): 451-496.

[141] WILLIAMSON O E. Transaction cost economics: The governance of contractual relations [J]. Journal of Law and Economics, 1975 (22): 233-261.

[142] WILLIAMSON O E.The economic institutions of capitalism [M]. New York: Free Press, 1985.

索引